中关村技术转移系列教材

技术经理人从业导论

汤鹏翔　杨晓非　姜全红　主编
王　燕　姜　雪　杨永峰　张宗科　副主编

北京航空航天大学出版社

内 容 简 介

在科学技术作为第一生产力的当今时代，科技创新与科技成果转化已经成为支撑国家和社会发展的重要战略。科技成果转化是一项复杂的系统工程，需要引入技术经理人全程参与，技术经理人通过把所有相关主体聚合在一起来实现科技成果价值的最大化。本书在总结凝练国内外科技成果转化相关理论研究和实践经验的基础上，提出了技术经理人作为国家亟需的高端复合型专业化人才从事科技成果转化工作所需要具备的专业素养知识和关键核心能力。

本书作为技术经理人从事科技成果转化工作的业务指南，从概念角度梳理了技术经理人的概念与特征、从业的生态系统、使命与职责、专业知识素养与职业能力要求；从实务角度阐释了技术经理人全程参与科技成果转化的主要工作内容，包括技术识别、技术运营、技术交易和技术创业。

本书内容适合技术经理人以及其他技术转移从业人士自我学习发展的需要。

图书在版编目(CIP)数据

技术经理人从业导论 / 汤鹏翔，杨晓非，姜全红主编. -- 北京：北京航空航天大学出版社，2021.11

ISBN 978-7-5124-3634-3

Ⅰ. ①技… Ⅱ. ①汤… ②杨… ③姜… Ⅲ. ①科技成果—成果转化—中国—教材 Ⅳ. ①F124.3

中国版本图书馆 CIP 数据核字(2021)第 224917 号

技术经理人从业导论

汤鹏翔　杨晓非　姜全红　主编

王　燕　姜　雪　杨永峰　张宗科　副主编

策划编辑　董宜斌　　责任编辑　董宜斌

*

北京航空航天大学出版社出版发行

北京市海淀区学院路 37 号(邮编 100191)　http://www.buaapress.com.cn

发行部电话：(010)82317024　传真：(010)82328026

读者信箱：copyrights@buaacm.com.cn　邮购电话：(010)82316936

涿州市新华有限公司印装　各地书店经销

*

开本：710×1 000　1/16　印张：10.25　字数：163 千字

2021 年 11 月第 1 版　2024 年 5 月第 2 次印刷

ISBN 978-7-5124-3634-3　定价：49.00 元

编委会

前　言

现代科学技术已经逐渐渗透到经济生活的各个方面，成为促进经济发展的重要因素。但是科学技术的研究成果在没有得到开发应用之前，还只是一种潜在的生产力；只有得到开发应用，才能转化为现实生产力，充分发挥出第一生产力的作用。科技成果的推广和应用过程，就是科技成果转化。

科技成果转化的目的是将科技成果转化成市场所需的商品或者服务，并产生相应的经济效益和社会效益。科技成果转化包括科技成果的“转”和“化”两个过程，“转”是指科技成果的使用权或所有权发生转移，以科技成果的商业转让、产学研合作、向公共科研机构的衍生企业转让等形式为主；“化”是科技成果发生“质”的变化，科技成果经过试验被深度开发和应用的具体化、实用化、商品化和产业化过程。因此，科技成果转化是一个复杂的系统工程。

在科技成果转化的全过程中，技术经理人发挥着重要的作用，这是国内外的普遍共识。自 20 世纪 60 年代以来，国际上就出现了大量的技术经理人行业组织。2018 年 12 月 5 日，李克强总理在国务院常务会议上强调，要引入技术经理人全程参与成果转化。

我国当前的科技成果转化主要是指高校和科研院所创造的科技成果的商业化和产业化，这其中融合了知识世界的学术规则和经济世界的市场规则。高校和科研院所科技成果的商业化与市场化，技术含量高，同时涉及法律、管理等知识，是一项非常专业的工作。在高校和科研院所科技成果的商业化与市场化中，高校和科研院所以及其科研人员拥有对科技成果的所有权，同时，投资人、专利代理师、资产评估师、技术经纪人等多种角色相继出现并发挥相应作用。在整个科技成果转化的链条中，不同类型和角色人群的理念、出发点、利益点各具差异。技术经理人能够运用专业知识和实务能力，把所有这些相关人员聚合在一起，发挥各自特长和优势，共同实现科技成果价值的最大化。通过契约或雇佣关系，技术经理人对科技成果进行经营管理，以实现学术和知识资本的利益价值最大化。技术经理人就是为了这个使命应运而生的。

正是因为要全程参与科技成果转化，通过把参与科技成果转化的所有相关主体聚合在一起来实现科技成果价值地最大化，所以技术经理人需要具备所有相关领域的知识与能力。具体来说，由于技术经理人经营管理的是科技成果转化中的科技成果，而高校和科研院所是科技成果的产生主体，因此，技术经理人应该是以契约关系受高校和科研院所委托对科技成果商品化进行经营管理的专业人才。他们既要懂科技成果的技术含量，又要懂市场经营，更要具有协同合作的精神；他们是一群素质全面的高级管理人才，既要对市场有深刻理解，也要对成果和资金的对接过程有很高的领悟力，还要有强大的战略策划能力；他们能够对项目进行包装、推销和实时跟踪，推进项目成果转化最终取得成功。

技术经理人不仅要掌握基本的专业学科知识，还要对所负责的特定专业技术领域熟悉和精通；他们只有对技术的研究开发、试验、试制和规模生产的全过程有一定程度的了解，才能提供深层次的服务。技术经理人还要了解并掌握拥有相关科研的教授、专家的情况；关注学术科研前沿成果，在相关的学术领域具有广泛的人脉关系；能够关注相关研究领域中具有产业转化潜力的成果，能够挖掘有潜力的青年人才。由于科技成果转化最终要参与到市场经济中，所以技术经理人必须了解经济学的基本知识，并掌握与自己所从事业务相关的金融、财会、统计、管理等方面的知识。为了更好地了解企业的需求、促进企业购买技术，技术经理人需要熟悉该技术用于生产的全过程，包括产品质量、工艺标准和管理情况等方面。此外，由于政府出台的相关政策对于推动科技成果有效转化起到非常重要的作用，因此技术经理人要对国家、地方及学校出台的相关产学研政策理解透彻，善于同政府部门打交道。技术经理人要能运用各种科技、经济政策，调查商品可行性的市场情况、供应状态及发展趋势。

作为新时代创新驱动发展战略背景下国家亟需的高端复合型专业化人才，技术经理人的培养具有非常严格的要求，技术经理人从业需要具备全面的专业知识素养和扎实的职业工作能力。

本书作为技术经理人从事科技成果转化工作的业务指南，从概念角度梳理了技术经理人的概念与特征、从业的生态系统、使命与职责、专业知识素养与职业能力要求；从实务角度阐释了技术经理人全程参与科技成果转化的主要工作内容，包括技术识别、技术运营、技术交易和技术创业。

本书在编写过程中，参阅了大量的文献资料，均在正文之后的参考文献中进行了著录。此外，本书还著录了对从事科技成果转化和技术转移工作具有参考和学习价值的文献资料，以满足技术经理人以及其他技术转移从业人士自我学习发展的需要。

编　者

2021 年 3 月

目　　录

概念篇

实务篇

概 念 篇

第1章　技术经理人基本概念

内容要点：技术经理人是指在科研组织、经济组织以及服务机构中，以促成科技成果转移转化为目的，因雇佣或契约关系从供方角度参与，并运用专业知识、职业能力和实务经验，对科技成果进行经营的技术转移从业人员。

党的十八大报告提出要加快完善社会主义市场经济体制和加快转变经济发展方式，实施创新驱动发展战略。《国家创新驱动发展战略纲要》把创新分为科技创新、制度创新、管理创新、商业模式创新、业态创新和文化创新，其中，科技创新是提高社会生产力和综合国力的战略支撑。党的十九大报告提出加快建设创新型国家，深化科技体制改革，建立以企业为主体、市场为导向、产学研深度融合的技术创新体系，加强对中小企业创新的支持，促进科技成果转化。在科技成果转化的全过程中，技术经理人发挥着重要的作用，这是国内外的普遍共识。

1.1　技术经理人的定义与特征

科学技术日益成为推动经济与社会发展，实现国家富强的一个决定因素，但是科学技术的研究成果在未应用于生产领域之前，仅仅是知识形态，属于潜在的生产力；要使其变成直接的生产力，还需要科技成果供给方、需求方和专业服务方等对其加以技术熟化和推广应用。科技成果的转化，就是把科技成果特有的潜在效益转化为实际效益，这其中包括了科技成果的应用和推广、科技成果的工艺化、科技成果的产品化、科技成果的商业化和科技成果的产业化，这是一个十分复杂的过程。

在科技成果转化的过程中，各种类型的科技中介机构围绕科技成果从产生到商品化、产业化提供针对性服务，所有这些科技中介机构的人员共同组成了技术转移从业人员群体，其中技术经理人是最主要的技术转移专业化人才。2018 年 12 月 5 日，李克强总理在国务院常务会议提出："引入技术经理人全程参与成果转化"。

技术经理人就是指促成科技成果转化和技术商业化为目标，与创新组织形成雇佣和(或)契约关系，运用专业知识、职业能力和实务经验，对科技成果进行经营的技术转移从业人员。

技术经理人以促进科技成果转化为职业目的。科学技术日益成为推动经济与社会发展，实现国家富强的一个决定因素。科技成果转化是把科技成果特有的潜在效益转化为实际的效益，使其变成直接的生产力。在科学技术转变成现实生产力的过程中，作为技术市场的重要组成部分和专业化技术转移人才，技术经理人是优化科技资源配置、促进科技成果转化和产业化、加快经济结构调整与经济发展方式转变的重要力量，全程参与科技成果转化是其职业使命。

技术经理人通过雇佣或契约关系参与科技成果转化。国务院在《促进科技成果转移转化行动方案》(2016 年)、《国家技术转移体系建设方案》(2017 年)中指出，实行技术经理人市场化聘用制，引导专业人员从事技术转移服务。教育部和科技部在《关于加强高等学校科技成果转移转化工作的若干意见》(2016 年)中指出，鼓励高校建立负责科技成果转移转化工作的专业化机构或者委托独立的科技成果转移转化服务机构开展科技成果转化。

技术经理人从供方角度参与科技成果转化。科技成果转化的本质是科学知识的商业化和市场化。科技成果的商业化与市场化技术含量高，同时涉及法律、管理等知识，是一项非常专业的工作。由于科技成果的提供方往往不具备必要的专业知识，同时也不可能亲自参与每一项科技成果转化的各个环节。技术经理人配合科技成果持有人提供从最初的信息采集、技术和市场评估，到专利申请管理和专利授权后的权利维护、信息服务，以及技术贸易服务、许可谈判、许可费管理和再投资等全方位、高水平、专业化和系统化的一条龙服务。

技术经理人运用专业知识、职业能力和实务经验，对科技成果进行经营。科技成果商业化与市场化是一个复杂的系统工程，技术经理人从事科技成果转化工作，既要懂科技成果的技术含量，又要懂市场经营，更要具有协同合作的精神；他们是一群素质全面的高级管理人才，既要对市场有深刻理解，也要对成果和资金的对接过程有很高的领悟力，还要有强大的战略策划能力；他们能够对项目进行包装、推销和实时跟踪，推进项目最终取得成功。

1.2 技术经理人的起源与发展

自1964年联合国贸易发展会议提出“技术转移”的概念以来，世界各国对技术转移进行了大量的实践探索和理论研究，出现了大量专门从事技术转移工作的人员和组织机构。1970年，美国斯坦福大学最早成立了技术许可办公室，技术许可办公室的职能主要包括：专利、版权许可，知识产权保护、管理、公共服务、创业和创办新公司。技术许可办公室的工作人员由专业技术人员组成，他们了解本国政策法规，有着丰富的产业经验，同时也是经验丰富的谈判家，这就是技术经理人的国际起源。

1974年，美国成立了美国大学技术经理协会(AUTM)。AUTM在美国高校技术成果转移中发挥着重要的作用，比如，构建多元参与的信息服务平台、提供专业化的技术转移咨询、培养技术转移专业人才等。AUTM的成员不仅包括技术转移从业者，还包括企业、社会组织和政府机构，其创始宗旨是联合技术转移各方主体，促进高校和科研机构的科技成果向市场转化。AUTM亦通过举办年会和区域会议为其成员提供交流和联系的平台，通过发放会员名录方便成员间的联系，出版专业刊物以让其会员及公众充分了解商业开发、许可、专利和研究开发方面的最新信息，以及重大的法律问题。AUTM的这些努力提供了一系列广泛而深入的交流渠道，为其成员间进行专业交流、相互学习、经验共享创造了机会，进而推动了技术转移活动的广泛开展。AUTM通过提供专业课程和培训项目，对技术转移从业者进行专业培训，以使他们能够掌握基本的专业知识，熟悉特定技术领域的特点，把握技术领域的发展趋势和价值，识别技术的市场前景，提升了对技术市场的嗅觉，了解相关技术领域公司的技术要求，并具备一定的法律和金融知识。同时，AUTM还通过组织专业资格认证考试的方式，为技术转移人才的认定提供一个可供参照的标准。

而AUTM制作并发放技术转移实践手册则为技术转移工作者的日常工作提供了系统的实践指导。

目前国际上主要的技术经理人行业组织有：美国大学技术经理人协会(AUTM)、欧盟技术转移经理人协会(ASTP-Proton)、英国大学知识商品化协会(PraxisUnico)、澳大利亚知识商品化组织(KCA)、意大利研究价值评估网络(NETVAL)、马来西亚创新与技术经理人协会(ITMA)、南非研究和创新管理协会(SARIMA)、瑞典创新与技术转移联盟(SNITTS)、印度技术管理协会(STEM)、西班牙创新管理与技术转移协会(RedTransfer)、德国大学技术联盟(TechnologieAllianz)、日本大学创新与技术转移网络(UNITT)、土耳其大学创新市场化平台(ÜSİMP)、美国加拿大国际许可高级管理人协会(LES)、国际生物技术创新组织(BIO)等。其中以美国大学技术经理人协会(AUTM)、欧盟技术转移经理人协会(ASTP-Proton)和英国大学知识商品化协会(PraxisUnico)最具代表性。

2010年，美国大学技术经理人协会(AUTM)、英国大学知识商品化协会(PraxisUnico)、欧盟技术转移经理人协会(ASTP-Proton)和澳大利亚知识商品化组织(KCA)联合发起成立了国际技术转移经理人联盟(ATTP)，其总部位于苏格兰。ATTP的目的是通过组织实施“注册技术转移经理人(RTTP)”的国际认定，为在大学、产业、政府实验室从事知识转移和技术成果商业化运营工作的人员提供国际从业标准和职业资格认定。截至2020年7月，有来自全球近40个国家的591位专业人员通过了“注册技术转移经理人(RTTP)”认定。

伴随着我国对科技成果转化的重视以及对相关工作的部署和推进，技术经理人及其行业组织在中国也得到了迅速发展，代表性的行业组织有西安技术经理人协会(2014年成立)、中关村技术经理人协会(2019年成立)等。

案例分析

【案例简介】

2017年3月，山东理工大学毕玉遂教授团队的“无氯氟聚氨酯新型化学发泡剂”成果，以独占许可方式授权山东补天新材料技术有限公司实施转化，转化金额高达5.2亿元，创下国内高校单项成果转化金额的最高纪录。该成果自2003年选题立项，以市场需求为导向，历经14年的潜心研发，先后完成了基础理论研究、聚氨酯发泡剂试制，并得到了学校和企业的深度关注；同时在以学校党委书记吕传毅为代表的多部门人员通力协助和企业支持下完成了中试验证，然后在国家知识产权局完成专利布局，最终在学校支持下完成成果转化。

【角色分析】

科研人员代表毕玉遂，技术经理人角色扮演者吕传毅，两者为同事关系。吕传毅在做科研处长期间因工作关系开始接触毕玉遂；在做分管科研副校长、校长期间开始关注、跟踪该项目；在做党委书记时更是不遗余力支持项目的转化应用。两者有深厚的互信基础、推进该科技成果实现转化的目标和愿望。

【技术经理人职能分析】

1. 技术识别：作为“技术经理人”的吕传毅因曾分管科研工作而对项目有一定了解，在项目研发过程中多次主动参与调研和考察，对该项目成果的意义和价值有深刻的理解，并给予了高度的重视。

2. 概念验证：围绕该项目成果的法律价值实现，科研团队曾一度面临如何申请专利难题，在吕传毅的组织协调下，该项目以学校的名义上书国务院，在领导批示下，科技部、环保部、国家知识产权局等部委先后莅校调研，并在国家知识产权局的支持下，专门委派微观专利导航组针对新型发泡剂开展专利布局，完成4件国内核心发明专利和1项国际专利申请。至此项目成果技术产权清晰，形成合理的知识产权布局，有效支撑未来商业化。

3. 转化落地：针对该项目成果转化的具体实施，因涉及价值评估、价格谈判、商务合作等多个非技术团队擅长的环节。为此，在吕传毅的统筹领导下，专门成立了涉及科研、财务、法律等多部门组成的谈判组，在与企业共同开展市场调研、产品市场效应判断及后续环境效应价值评估的基础上，经过多轮谈判和协商，最终确定协议价格，从而有效实现了成果的转化落地。

第 2 章　技术经理人从业的生态系统

内容要点：科技成果转化是一个复杂的系统工程，是由高校、科研院所、企业、金融机构、科技服务机构、政府等参与主体与科技创新生态环境共同组成的生态系统。其中，科研院所和高校是源头创新的主力军，是科技成果的主要创造主体；企业是科技与经济紧密结合的主要载体，是科技成果的转化实施主体；金融机构、创业投资机构以及资本市场为科技成果的转化实施提供科技金融创新保障；技术市场、技术转移服务机构、创业孵化机构、知识产权服务机构等科技服务机构为科技成果的转化提供创新服务保障；政府通过系列的科技创新政策、科技成果转化政策、产业政策、知识产权政策、科技金融政策等，为科技成果的转化实施营造积极有利的政策环境和社会氛围。

国务院印发的《国家技术转移体系建设方案》(2017 年)指出，国家技术转移体系是促进科技成果持续产生，推动科技成果扩散、流动、共享、应用，并实现经济与社会价值的生态系统。技术经理人就是在这样的生态系统中从事科技成果转化和技术转移工作。

科技成果转化的生态系统由高校、科研院所、企业、金融机构、科技服务机构、政府等参与主体与科技创新生态环境共同组成。其中，科研院所和高校是源头创新的主力军，是科技成果的主要创造主体；企业是科技与经济紧密结合的主要载体，是科技成果的转化实施主体；金融机构、创业投资机构以及资本市场为科技成果的转化实施提供科技金融创新保障；技术市场、技术转移服务机构、创业孵化机构、知识产权服务机构等科技服务机构为科技成果的转化实施提供创新服务保障；政府通过系列的科技创新政策、科技成果转化政策、产业政策、知识产权政策、科技金融政策等，为科技成果的转化实施营造积极有利的政策环境和社会氛围。

科技成果转化的生态环境包括创新资源环境、科技成果需求环境、政策制度环境、社会文化环境等。创新资源环境是指金融、人才、技术等资源的配置与获取；科技成果需求环境是指对科技成果的市场需求；政策制度环境是指法律、政策、指导意见、管理办法和规章制度以及由契约关系形成的信用体系等；社会文化环境是指公众对于创新的基本价值取向、创新意愿，以及整个社会的创新氛围。科技创新生态环境对科技成果转化生态系统具有重要的支撑作用。

2.1 科技成果转化的过程与参与主体

科技成果转化的最终目的就是要将科研成果转化成市场所需的商品或者服务，产生相应的经济效益和社会效益。针对科技成果转化系统的复杂性以及各个主体之间的相互关联，可以将整个科技成果转化全过程分为成果形成阶段、成果转化阶段、成果推广应用阶段。

成果形成阶段一般包括理论研究阶段和技术开发阶段。理论研究阶段主要是对基本理论的研究，一般由研究机构、高校来完成；技术开发阶段主要是对市场需求信息、该成果相关发展情况进行分析，从而进行立项决策，再投入一定的资金、设备、人才进行成果的改进。该阶段基本完成了理论到技术的转换，这一阶段一般是由科研机构、高校以及企业的研发部门共同合作完成。

成果转化阶段是科技成果由理论向实际进行转化的一个阶段。首先根据市场需求信息进行可信性分析，对可行的成果投入一定的资金、设备、人才等资源，并对其进行试验开发，形成实验样品；此时需再根据市场需求信息，对该样品的市场前景进行分析，向有市场前景的样品投入资金、设备、人才等资源，将其转化成符合市场需求的商品或服务。这个阶段一般是由科研机构、高校、企业和中介机构等共同合作完成。

成果推广应用阶段是科技成果走向市场的一个阶段。首先将成果转化后形成的商品或服务交给企业，由企业进行一定的包装，再向其投入资金、设备、生产人员等资源将其批量生产，再投放市场获取相应的利益。这个阶段则主要由企业来完成，主要完成技术产品向商品产品的转化，并向市场进行输送，该阶段成果的表现形式为商品或服务。与此同时，成果转化的过程并不是单向进行的，在科技成果成功转化为市场所需的产品服务后，也需要对市场需求的情况进行分析，并将分析情况再反馈到科技成果的基础研究阶段，再进行技术的改进与创新，从而研发出更有价值的产品。

从创新链角度出发，科技成果转化通过“知识生产——新技术、新产品应用——生产力形成”的创新链条来连接相关创新主体，从而体现科技成果的经济价值和社会效益。在科技成果转化过程中，参与科技成果转化的创新主体主要来自科技成果供给方、需求方、支持和推动方、联结和辅助方。

在我国科技成果转化过程中，科技成果供给者、需求者及中介机构作为参与主体均受到市场推动和政府调控两种作用力。市场是生产力发展方向的决定者，也是推动科技成果转化的无形力量，在很大程度上影响转化的速度和规模。政府则能通过制定相关政策、设立相应机构进行宏观调控，为成果转化创造支撑环境，提供政策和资金支持，发挥引导作用，推动科技成果转化；同时政府通过制定法律、法规保障成果转化的公平公正，以政策和经费为杠杆调控技术市场，从而保证科技成果转化高效有序。

2.2　科技成果转化的创造主体(成果持有方)

2015 年中共中央和国务院印发的《深化科技体制改革实施方案》指出，科研院所和高等学校是源头创新的主力军，必须大力增强其原始创新和服务经济社会发展的能力。深化高等学校科研体制机制改革，构建符合创新规律、职能定位清晰的治理结构，完善科研组织方式和运行管理机制，并加强分类管理和绩效考核，增强知识创造和供给，筑牢国家创新体系基础。

2.2.1　高校在科技成果转化中的角色作用

高校作为社会新知识的主要来源，政府每年提供大量的资金支持帮助高校开展科学研究。高校科技成果是指高校在科学技术研究开发过程中，借助考察和实验研究等系列活动而取得的，并最终被社会认可，且具有学术意义或实用价值的创造性成果。科技成果转化是高校为达到创造社会效益和经济效益的目的,通过后续的试验、开发、应用和推广,将创造性成果转化为行业或企业现实生产力的一个动态过程。这个过程并非仅是单一的技术问题,而是包括市场需求、产品设计、相关技术等在内的多要素复杂系统,并随着市场需求的变化而不断演化,这必然增加了科技成果转化的难度。

科技成果转化是高校科学研究与创新过程中一个十分重要的环节。在推动高校科技成果向现实生产力转化的过程中,资金支持固然是一个重要方面,但科技成果转化特有的高投入和高风险属性决定了其很难通过常规商业渠道获取大量资金,因此市场行为并不能完全解决高校科技成果转化的资金问题。在市场经济条件下,虽然市场是资源配置的有效方式,发挥着决定性的作用,但由于市场自身的局限性,"市场失灵"为政府调控提供了可能。科技成果转化既需要市场行为,让市场在其资源配置中起基础性作用,又需要政府有效发挥科技、经济等公共政策功能来促进、催化、激励和保障科技成果转化活动顺利进行,通过调配资源的方式给予高校科技成果转化必要支持,以解决市场失灵问题。同时,政府应发挥组织协调功能以推动高校科技成果转化,尤其要发挥财税激励政策对科技创新和科技成果转化的导向作用,通过创新财政支持方式促进科技成果向现实生产力转化,而财税激励政策正是源于政府与市场之间关系的界定以及政府调控。

2015年修订的《促进科技成果转化法》将科技成果定义为"通过科学研究与技术开发所产生的具有实用价值的成果",将科技成果转化定义为"为提高生产力水平而对科技成果所进行的后续试验、开发、应用、推广直至形成新技术、新工艺、新材料、新产品,发展新产业等活动"。然而,当讨论高校科技成果转化含义时,并不能简单地将这一概念理解为高校对自己创造的应用型成果进行后续开发、实现成果经济价值的过程。受公益性事业单位属性限制,高校不允许经营企业。对高校而言,完成科技成果产权的转移或转让后,科技成果后续开发、熟化及其商品化、产业化的过程主要以成果需求方企业为主,高校在这个过程中处于辅助地位,但又不可或缺。

《促进科技成果转化法》指出,科技成果持有者可以通过自行投资、向他人转让、许可他人使用、与他人共同实施转化、作价投资等方式进行科技成果转化，国家鼓励高校采取转让、许可或者作价投资等方式，向企业或者其他组织转移科技成果。转让是指科技成果由一方转让给另一方经营，是所有权的出售；许可是指科技成果所有人允许他人实施其所拥有的科技成果，是使用权的出售。在这两种机制下，高校可通过一次总算、按产品销售提成支付，或两者组合的方式收取知识产权的使用费。如果高校不是获得现金，而是将技术折算成股份或者出资比例，以获得未来的分红收益，这种模式就被称为高校衍生企业，也即《促进科技成果转化法》中提到的“作价投资”。作价投资或衍生企业的方式使企业不会因为缺少资金而限制对所需技术的使用，因而更受高校初创企业的青睐。

2.2.2 科研院所在科技成果转化中的角色作用(以中国科学院为例)

以中国科学院为代表的由国家设立的科学研究机构，作为国家战略科技力量，在科技成果转化的宗旨、定位和目标上始终体现了引领前沿科技进步、直接服务国家战略需要、有力支撑关键产业发展的科技特点。

中国科学院等国家设立的科研机构具有成果水平高的特征，可以引领前沿科学技术进步。从关系逻辑来看，科研机构科技成果转化并非是与科技创新决然分割的活动，而是科技创新活动的有机组成部分，成功的科技成果转化活动必然有赖于高质量的科技创新，高质量的重大科技创新的产出，也往往孕育着变革性的产业和经济社会发展。作为国家设立的科研机构，中国科学院担负着国家自然科学最高学术机构、科学技术最高咨询机构、自然科学与高技术综合研究发展中心的职能，坚持面向世界科技前沿。科技成果转化作为中国科学院科技创新活动的重要内容，也必须符合坚持面向世界科技前沿的基本要求。

近年来，中国科学院在铁基高温超导、量子通信、中微子振荡、先进核能、干细胞与基因编辑、人工智能等前沿领域，跻身国际先进或领先行列。以量子通信技术为例，2013 年，国家发改委启动了由中国科学院承担的“量子保密通信‘京沪干线’技术验证及应用示范项目”，这是全球首个开工的远距离量子骨干线路。2016 年 8 月 16 日，中国科学院自主研制的世界首颗量子科学实验卫星“墨子号”成功发射，该卫星在世界上首次实现了星地量子通信，构建了天地一体化的量子保密通信与科学实验体系，巩固和扩大了我国在量子通信领域的国际领先地位，实现了我国从经典信息技术时代跟踪者向未来信息技术引领者的转变，具有里程碑意义。

从过程逻辑来看，科技成果转化并非是将科技产出转变为市场价值的过程，而是运用有应用价值的科学技术创新产出改造提升生产力三要素：劳动者、劳动工具、劳动对象，从而提高生产力的过程。因此，这种生产力的提升既可以是针对特定企业或行业，也可以是对一国或者全人类。一般意义上的科技成果转化，往往局限于对特定市场主体能力的强化，而中国科学院等国家设立的科研机构作为战略性科技力量，其设立和运行宗旨就决定了其科技成果转化必须首先服从于国家战略需求，并将承担国家重大任务与科技成果转化深度融合。

与其他创新主体科技成果转化相比，中国科学院等国家设立的科研机构在成果转化方面，更加强调以国家利益和全社会公共利益为导向，充分聚焦国家重大任务和战略重点。产生重大影响的科技成果转化活动，并不局限于经济价值和直接的社会效益，往往更加体现战略性、前沿性和全局性。十九大报告中提到的“天宫”“蛟龙”“天眼”“悟空”“墨子”“大飞机”等重大科技成就中，“蛟龙”“天眼”“悟空”“墨子”四项均是中国科学院科技创新活动的成果产出，他们既是由中国科学院研发实施的面向国家战略、科学前沿的重大国家任务，也是充分集成中国科学院科技创新成果的重要转化载体。2016年中国科学院发布的《中国科学院科技促进经济社会发展“十三五”规划》明确将围绕国家战略需求，提供有效科技供给作为战略重点，要求中国科学院相关科技成果转化直接服务国家农业、能源、制造业、城镇化、人口健康和生态文明建设。

中国科学院等国家设立的科研机构的科技成果对国家经济的进步与发展起着强有力的支撑作用。近年来，中国科学院等国家设立的科研机构在深空、深海、深地、网络空间安全和国防科技创新等重大战略领域，突破了一批关键核心技术；在机器人与智能制造、新材料、新药创制、煤炭清洁高效利用、资源生态环境、防灾减灾等方面，一批重大科技成果和转化示范工程落地生根，取得了显著的经济效益和社会效益。

2.2.3 临床医学研究机构在科技成果转化的角色作用

医学研究分为基础医学研究、预防医学研究和临床医学研究三大类，基础医学研究是临床医学研究发展的基础，从基础医学研究到临床医学研究需要一个桥梁，这个桥梁就是转化医学。转化医学是一种双向的、开放的、循环的科学研究和管理体系，目的是通过建立基础研究和临床应用间的双向转化通道，促进多学科开放式的交叉融合和协作；破除基础研究和临床应用间的屏障，引导科研工作者以解决临床问题为目标开展基础研究；以循环地方式不断高效促成以生物医学为主要领域的基础研究成果转化为可在临床实际应用的药物、器械、方法、机制、规则，更好地服务于人类健康。

国家层面对转化医学给予了高度的重视和支持。2012 年 7 月，国家科学技术部、国家卫生和计划生育委员会正式启动国家临床医学研究中心申报工作，并于 2013 年 8 月最终确定首批 13 家国家临床医学研究中心。国家临床医学研究中的组织管理由国家相关管理部门、专业支撑机构及依托单位构成，其研究网络建设采用“中心——分中心（核心单位）——网络单位”的三级临床医学研究网络。中心单位作为国家临床医学研究的一级平台，负责协同研究网络的总体规划、组织建设与运行管理；分中心单位作为国家临床医学研究的二级平台，以多家在领域内具有较显著学术与技术优势的大型医院组成，在其所侧重的领域协助中心承担研究规划、设计、管理工作，并执行研究任务，必要时可以履行区域临床医学研究中心职能，与中心单位共同打造符合国际规范的临床研究平台；协同创新合作单位（网络单位）作为国家临床医学研究的三级平台，是重要的参研、辐射和推广基地。

2.2.4 新型研发机构在科技成果转化的角色作用

与以往产学研合作以契约存在的形式不同，新型研发机构是一个由政产学研多方主体投资的，以市场化运行机制和现代化管理制度运作的，自主经营的独立法人组织，发挥着科学技术研发、科技成果转化、创新企业孵化与高端人才培养等功能。它能够将政府、高校、科研院所、企业以及其他创新主体有效地结合在一起，有着与传统研发组织不同的特征和运行机制，能够消除创新价值链断裂的“死亡之谷”，有效地解决“技术孤岛”与“产业旱地”的科技两难问题，最大限度地做到“源头创新”，培育颠覆性技术。新型研发机构在创新体系建设中的作用越来越重要，无论是产业发展还是国际竞争的需要,仅仅依靠传统研发机构或企业研发已经很难实现颠覆性技术创新,需要由新型研发机构来担负起培育关键性技术的重任。新型研发机构是新时代要求下产学研合作的一种新形式,突破了传统科研机构"计划经济"的特色,其与市场相结合,与科学技术发展规律相契合,是一种新面貌、新模式、新协同的研发组织;新型研发机构具有明显的时代性、先进性和创新性。

自《国家创新驱动发展战略纲要》中提出:"发展面向市场的新型研发机构。围绕区域性、行业性重大技术需求,实行多元化投资、多样化模式、市场化运作,发展多种形式的先进技术研发、成果转化和产业孵化机构"的构想以来,新型研发机构已逐渐成为我国科技创新体系的重要组成部分。2019 年 9 月,科技部印发《关于促进新型研发机构发展的指导意见》,多地相继出台促进新型研发机构发展的引导政策,从条件保障和体制机制设计两个方面保证了新型研发机构健康有序地发展。

2.3 科技成果转化的实施主体(成果应用方)

中共中央和国务院在 2015 年印发的《深化科技体制改革实施方案》中指出:企业是科技与经济紧密结合的主要载体,解决科技与经济结合不紧问题的关键是增强企业创新能力和协同创新的合力。建设国家技术转移体系,要发挥企业在市场导向类科技项目研发投入和组织实施中的主体作用,推动企业等技术需求方深度参与项目过程管理、验收评估等组织实施全过程。2015 年修订的《中华人民共和国促进科技成果转化法》指出:在科技成果转化活动中,应发挥企业的主体作用。党的十九大报告中再次指出:创新是引领发展的第一动力,深化科技体制改革,建立以企业为主体,市场为导向,产学研深度融合的技术创新体系。深化科技体制改革,促进科技成果转化。如果说科研院所和高校是科技成果转化"从科学到技术"的先驱者,则企业就是"从技术到经济"的实践者。企业是科技成果转化的主体,是具体实施者,也是科研成果转化的终端。

随着全球经济一体化进程的不断推进，企业之间的竞争更为激烈，创新已成为企业必须要面临的问题，也成为现阶段社会发展的主要旋律。企业只有通过不断的创新，才能在日益激烈的市场竞争中保持竞争优势，寻找到新的经济增长点。通过企业成长性不断提升以实现企业价值最大化。

20世纪以来，开放式创新成为企业创新的主要手段，通过开放式创新，企业可以不断吸收外部环境中的先进理念和技术，补充到自身的创新产品的研制中，缩短了自主创新的周期和提升了自主创新的能力，同时也能将与主营业务并不相符的创新累积项目通过市场进行输出，一方面增加了企业的经济效益，大大降低了相应的管理成本；另一方面进行技术输出时有利于形成企业的品牌效应，增强企业在行业内的社会地位与权威性，增加企业的无形资产。

企业在市场中体现出的竞争优势和成长性在很大程度上是由企业内部大量异质性资源和能力的提升获得的，而企业开放式创新则能促进企业资源和能力的提升，进而开放式创新能够有效促进企业成长性的提升。

开放式创新分为内向型和外向型开放式创新两类，对企业成长性的促进作用是不同的。对于内向型开放式创新，能为企业带来外部环境中的新信息、技能及前沿理念，企业对外部环境中出现的新技术不断吸收和消化，进而提升自身的技术水平。通过内向型开放式创新，企业能直接从外界中获取更为适应市场的技术，有效补充现有的技术基础和能力弱项，还能促使企业自身技术与外部环境中的技术相融合，优势互补，资源共享，能不断提升企业的成长能力。相比于企业自主研发，内向型的开放式创新能有效降低企业在研发过程中的资金与人力投资，成本相对较低，且需面对的风险相对较小，有利于企业的迅速发展。对于外向型开放式创新，技术创新的利益有了多元化的实现渠道，企业自主开发、转化技术的同时将与企业现有主营业务并不相符的创新技术转交给外部环境中的合作者，以获得更大的利益。其优势体现在三个方面，一是可以直接从外部获得足够多的经济利益以支持自身的发展；二是通过技术的扩散提升自身的知名度与权威性，形成自身行业内的品牌优势，进而促使企业自身无形资产的提升和自身竞争优势的保持；三是将与自身主营业务并不相符合的创新技术转让，可以在降低相应管理成本的同时，将相应风险转移到外部企业中,利于自身成长性的不断提升。

2.4 科技成果转化的投资主体(投资方)

2015年中共中央和国务院印发的《关于深化体制机制改革加快实施创新驱动发展战略的若干意见》和《深化科技体制改革实施方案》、2015年修订的《促进科技成果转化法》、2016年国务院印发的《促进科技成果转移转化行动方案》以及2017年国务院印发的《国家技术转移体系建设方案》都对支持科技成果转化的科技金融创新保障做出了相应的规定:要发挥金融创新对技术创新的助推作用,培育壮大创业投资和资本市场,提高信贷支持创新的灵活性和便利性,形成各类金融工具协同支持创新发展的良好局面。具体来说又分为创业融资、资本市场的股权债券融资和银行金融机构的间接融资三个方面的支撑和保障。

2.4.1 银行金融机构在科技成果转化的角色作用

在党中央的号召和带领下,我国银行业开始重视科技创新的发展,重点支持科技创新型企业。早在2006年12月,中国银行业监督管理委员会(简称"银监会")《关于商业银行改善和加强对高新技术企业金融服务的指导意见》指出,商业银行要增强金融服务科技的意识,不断促进科技产业发展,实现科技与金融的商业性可持续发展。

2010年,科技部联合原"一行三会"《关于印发促进科技和金融结合试点实施方案的通知》和科技部《关于印发地方促进科技和金融结合试点方案提纲的通知》要求根据"先行先试"原则,各地区纷纷开展科技金融试点工作。2014年1月,原"一行三会"联合知识产权局下发《关于大力推进体制机制创新,扎实做好科技金融服务的意见》相关文件,从信贷产品创新、金融组织体系、多元化融资等多个渠道促进科技和金融的有效结合。《2016年国务院政府工作报告》强调,在合理控制银行信贷风险的基础上,利用投贷联动方式投资科技创新企业,以削减企业的信贷成本;同年4月,科技部联合银监会和中国人民银行印发《关于支持银行业金融机构加大创新力度开展科技企业投贷联动试点的指导意见》,意在鼓励银行将

“股权投资”与“债券投资”相结合，支持科技型企业做强科技创新。

在相关政策和意见的引领下，我国商业银行科技金融试点此起彼伏。其实，自 20 世纪 90 年代开始，我国就已经建成科技银行和科技信用社，如中国工商银行长沙分行设立的高新技术产业开发区支行，中国建设银行深圳科苑分行，但是由于早期的风险投资市场比较落后，导致科技分/支行的合作机构非常有限，科技银行的建立形同虚设。直到 2008 年，全国工商联合会提出成立专门的科技银行，我国的科技银行、科技信用社才开始慢慢步入正轨。

2009 年 1 月，致力于为科创企业服务的科技支行——中国建设银行成都科技支行和成都银行科技支行在四川省成都市开业。随后，科技支行的发展如雨后春笋般纷纷落地，北京银行中关村科技支行、中国农业银行无锡科技支行、杭州银行科技支行、中国交通银行苏州科技支行相继在全国范围内成立。2012 年，由银监会批准，中国第一家具有独立法人资格的科技银行——浦发硅谷银行正式成立，浦发硅谷银行的成立真正意义上填补了我国科技银行的空白。

投贷联动指导意见颁布后，参与试点的商业银行纷纷成立了投资子公司，为投贷联动的运行奠定基础。尽管，商业银行成立了众多科技金融专营机构，但是科技金融业务并没有呈现多样化的发展状态，大多数科技金融产品还是传统的信贷管理模式，而且抵/质押物多以不动产、固定资产为主，知识产权、股权质押贷款在理论层面比较丰富，但并没有落到实处，股权与债权联动的投资方式更是少见。目前，国内仅有几家银行参与到股权投资中来，与科技型中小企业大量的融资需求存在着很大冲突。

2.4.2 科技银行在科技成果转化的角色作用

科技银行是专门为科技型创新企业提供融资支持等金融服务的一系列金融机构的统称。科技银行与一般商业银行有两个明显差别：一是贷款对象有差别，传统商业银行的服务对象不固定，范围极其广泛，无论是什么类型的企业还是个人，只要达到银行要求就都可以成为商业银行的服务对象；而科技银行服务对象只针对与高新技术相关的企业，也就是说仅仅那些技术创新企业或风投基金才会作为其服务对象。二是贷款依据有差别，一般商业银行提供融资支持主要注重发放的资金是否安全、是否具有收益性、是否很快能够收回；而科技银行往往是加强风险管理，借助与政府、保险、担保公司等机构的合作，使风险得以分散和规避。

1. 科技银行的作用

由于传统金融体系无法满足科技型企业各个阶段发展中的融资需求，制度层面的突破刻不容缓。科技银行是一种金融创新，这种创新能够为科技型创新企业提供信贷支持，满足其融资需求。

科技企业的发展具有生命周期，在整个周期的各个发展阶段中，企业资产规模、盈利能力、发展目标等各个方面存在差异，与之相对应也显示出资金需求差异化的特点，融资的方式也差异化。第一，对资金的需求额度在不同时期出现差异。科技企业在发展初期对资金需求量较少，随后渐渐增多。资金的需求在种子期，也就是创意阶段并不高。随着企业逐渐进入创业时期，需要对技术进行开发并购买设备等固定资产，所需要的融资额度也随之提升，加上这一阶段经济效益较低，企业急需外部投资的支撑。随着成长期和扩张期的到来，企业由于规模扩张和产品推广的需要，对外部融资的需求额度就会大大增加。到了发展的成熟阶段，科技企业已经有了较好的市场地位，财务状况相对稳定下来，同时收益状况也良好，并积攒了自有资产，对资金的需求额度也会逐渐稳定下来。第二，与资金需求额度的趋势相反，科技企业对风险承受能力的要求在整个生命周期逐渐减少。创业初期的新兴企业，财务制度不清晰且可能缺乏经营记录，这个阶段企业的发展缺乏稳定性，有很大的经营风险。等发展到成熟期，企业经营的成熟性以及稳定性有所增加，良好的经营状况使投资风险逐渐降低。

科技银行是为科技企业提供信贷的金融机构，这种金融上的创新使金融市场趋于完善。其主要职能是支持那些具有广阔发展空间，但是很难获取传统银行信贷支持的企业成长。为不同的科技型企业提供金融服务时，科技银行提供量身定做的信贷供给方案，并适应企业在各个发展时期不同的资金需求，定制与其数量和风险相适应的独特产品和服务。因此，科技银行的出现给信贷市场带来了改变，完善了科技企业融资的薄弱环节：一是扩大资金供应额度，使科技型企业缺乏资金的状况得以改善；二是帮助科技企业跨越资金最匮乏的时期。在职能上，科技银行最初就已经将科技企业确定为服务对象，在创业阶段为其提供信贷支持。从结果来看，科技银行既使科技企业整个生命周期的信贷供给额度大大增加，又填补了企业创业初级阶段急需资金，却不可得的这段位置的缺陷。

2. 科技银行的典型业务模式

（1）投贷联动，所谓投贷联动就是银行对科技型创新企业进行“股权＋债权”的一种新型投资方式，其中，商业银行负责债权投资，即信贷业务，风险投资机构、银行投资子公司负责股权投资。根据投资主体是否属于银行机构部门，可将投贷联动分为内、外两种联动类型。银行将“信贷投放”与内部投资子公司的“股权投资”相结合，由投资收益弥补信贷风险，实现商业银行信贷风险和收益的匹配，这种投资模式称为银行集团的“内部投贷联动”。外部投贷联动指银行用“贷款资金”与系统外部投资机构的“股权资金”相结合，再向科创企业注资的一种模式。

投贷联动又可分为认股权贷款、股权直投和投资子公司三种模式。认股权贷款源自金融市场中的金融期权，它是由金融期权衍生而来的一种股权投资工具，因此认股权贷款和金融期权非常类似。在办理认股权贷款过程中，商业银行类似金融期权交易中的买方，需要向投资机构提供贷款，但无须缴纳期权费，这是和期权交易的不同之处。期权交易有其独特的优势，期权的买方比较灵活，可以选择行权，也可以选择不行权，行权后的收益无限、损失有限。认股权贷款，又被称为选择权贷款，是指银行为了享受股权投资带来的超额回报，与风投机构合作建立一种选择权（期权），即银行在发放贷款时，引入风险投资机构作为代持机构，由风险投资机构对科技型创新企业进行股权投资。股权直投模式是指商业银行以自有资金或理财资金，与第三方机构共同发起设立有限合伙企业、股权投资基金，再由这些机构、基金平台对科技型中小企业进行股权投资。其中，商业银行持有基金的优先级份额，其他机构持有该基金的劣后级份额。

（2）供应链金融。商业银行业还可以和科技企业的上下游产业链进行联动合作，组建供应链体系，即“供应链金融”。供应链金融是指银行一方面向供应链中的核心企业提供资金融通、转账结算和理财等相关服务；另一方面向其上游供应商提供贷款收达服务，或者向其下游分销商提供预付款代理支付、存货融资等服务。换句话说，就是银行通过发挥自身的中介作用，将核心企业和上下游企业联系在一起，为他们提供灵活的金融产品和服务。这和传统的保理、货押业务（动产及货权抵/质押授信）非常相似，但区别也非常明显，保理和货押都是一种简单的贸易融资产品，保理业务更多强调的是“理”，向卖方提供应收账款管理、贷款商业风险担保和资金融通行为，涉及主体仅为保理商和买卖双方；质押业务就是借款人将自有动产和货权质押给银行获取贷款的一种融资行为，而供应链金融涉及的参与主体较多，包括商业银行、核心企业、供应链上下所有企业，它不仅仅是一种简单的融资产品，更是像融通供应链所有企业的一种系统性融资安排，发挥作用不仅包括融资，还包括其他相关金融服务。

2.4.3 私募股权投资基金在科技成果转化的角色作用

私募股权投资基金是指通过私下募集的方式来筹集资金从事股权投资活动。它的运行机制包含整个投资操作环节，即从资金募集开始到项目的投资管理，以及最后项目的退出等全部环节。它还是一个周而复始的过程，当投资项目成功退出后，私募股权投资基金会继续发掘下一个投资项目，进行下一轮的投资，并且不断地循环往复下去。私募股权投资基金的组织形式有三种，分别为公司制、有限合伙制和信托制。最早出现的私募股权投资基金的组织形式是公司制。公司制的私募基金是一个具有较为完善的公司治理结构的法人实体，它通过发行股份来进行资金募集。有限合伙制至少包含一个普通合伙人和一个有限合伙人，在这个基金制度框架内，有限合伙人是投资者，普通合伙人是基金管理人；投资者不参与基金的经营管理，基金管理人负责这只基金的经营管理。信托制私募股权投资基金又称为契约型私募股权投资基金，主要基于信托契约的原则，通过发行募集资金凭证来筹集资金，体现了基金管理人、托管人和投资人之间的信托关系。信托制的本质是通过信托模式来筹集所需资金，为符合条件的潜力企业提供股权投资服务和管理咨询服务，这是一种有利于实现风险分担，收益共享的集体投资决策系统，该基金后期通过IPO、并购、股权转让等方式来获取高额的投资收益。

1. 创业投资种子基金

创业投资种子基金通常简称创业种子基金，是指对种子期企业的投资资金，用于孵化创业项目或科技创业企业。为了推动创业投资的良性发展，吸引越来越多的社会资本参与创业投资，并引导和帮助这些资金流向创业种子期、起步期的初创企业，许多国家都成立了创业种子基金，创业种子基金的建立能够促进后期风险投资的投入和科技型初创企业的深化发展。

创业企业的成长过程通常需经历四个周期：种子期、成长期、成熟期和衰退期。资金的注入贯穿了整个生命周期，但是每一个时期所需要的资金数量和资金性质有所区别。一般情况下，投资者会根据企业的发展前景和企业的成长状况投入不同分批次的资金。种子期是企业的酝酿与发明时期，创业者努力发明产品，进行产品试销和技术创新，同时还需要及时的关注市场反应。创业种子基金就是为此研发时期投入的资金。

创业种子基金归属于早期风险投资资金，是用于对高新技术企业研发阶段初期投入。由于这时期的投资风险较大，所以投资者数量较少，投资金额较小。创业种子资金种类较多，常见的有政府种子基金、风险投资机构种子基金、天使种子基金和孵化种子基金。创业种子基金的科技转化效应显著，渐渐具有引领效用。正是由于创业种子基金的投入，许多科技创新成果才得到了转化，实现了产业化。

2. 天使投资

天使投资是对最刚刚起步的小创业团队或初步形成的项目的首次投资，天使投资人多为有一定资金实力的个人与小型机构，其投资决策具有非常多的偶然性与不确定性，其本身是一种非组织性的风险投资。

天使投资有时也被称为商业天使。天使投资提供重要资金、技术给创新小企业来帮助其发展。天使投资不包括企业的创始人、朋友和亲戚提供的资金。天使投资人是指具有一定财富的个人对具有高成长性和发展潜力的初创企业进行直接早期权益性资本投资，并协助其创始人创业，在承担其高创业风险的同时希望实现创业成功后带来的高投资回报，从而达到资本增值的目的。

相对于其他较为成熟的投资模式来说，天使投资具有以下特点：(1)天使投资的投资金额相较于其他投资来说一般较小。由于天使投资多由个人投资者或几位个人投资者联合出资，由于其谨慎的态度和个人资金实力的限制，其规模往往较小，一般占股比例较低、不追求控股权。(2)天使投资具有高风险、高收益的特征。天使投资是创业者从投资者手中获得的首笔投资，这个时期的创业者大多面临团队不成熟、产品路线规划模糊、缺乏市场资源等多种问题，具有非常大的投资风险；而天使投资者选择在最早期进入创业企业，则一般会取得该公司很大份额的原始股权，往后该公司运营成功直到上市，天使投资者将会取得十分丰厚的回报。(3)天使投资一般是一种长期投资。由于天使投资资金的进入是在企业创业的最初时期，而目前并购市场、股份转让市场等机制并不健全，天使投资者取得的公司股权流动性非常的弱，往往要等到企业 IPO 以后才能取得回报，这个过程短则 4～5 年，长则会达到十多年，回报周期一般需要很久。(4)天使投资通常是一种参与性投资。投资后，天使投资者一般会积极参与投资企业的发展经营，为被投资企业提供相关咨询服务，包括其产品设计、市场开拓、团队人员发展规划、公关渠道、上市安排等。

3. 风险投资

风险投资是指通过对新创企业提供资金及增值服务以培育企业成长，并在时机成熟时退出，以获取高额回报率，实现资本增值后进行下一轮投资的投资行为。15 世纪时，欧洲第一次出现了“风险投资”概念，当时部分商人投资给远洋的冒险航行，从而衍生出风险投资，具体含义是风险高的投资行径。而在 19 世纪的美国，对油田开发、军工研究的投资让风险投资渐渐在美国盛行开来。1946 年美国研究与开发公司(ARD)成立，从而诞生了现代风险投资。风险投资又被称为创新投资，对美国新经济增长产生了积极的促进作用。

专业机构、政府以及学术界关于风险投资均有不同的定义。2003 年科技部、国家计委等七个部门联合制定的《关于建立风险投资机制的若干意见》对风险投资进行了定义，即风险投资旨在为科技型的高成长性创业企业提供股权资本，并为之提供经营管理和咨询服务，在被投资企业发展成熟后，通过股权转让获取中长期增值收益的投资行为。专业机构和政府主要强调其为创新企业提供服务的功能，而学术界的侧重点根据其研究主题各有不同。定义的不同主要在于概念范围划分的区别，可将风险投资分为狭隘与广义两种类型：狭隘的风险投资是传统的早期风险投资，其投资目标为创新型中小企业，为获取高额回报而承担高风险的权益资本；广义的风险投资涉及的范围较广，其投资目标主要为非上市的所有企业，既包括早期的风险投资，同时也包括后期的私募股权投资。私募股权投资一般是通过私募形式对私有企业，即非上市企业进行的权益性投资，一般通过上市、并购或者管理层回购等方式来出售所持股份获利。在我国，风险投资机构和私募股权投资机构在实际业务中并无明确界限，投资阶段也往往存在交叉，风险投资和私募股权投资经常被混用。

2.5 科技成果转化的创新服务主体

2.5.1 技术市场在科技成果转化中的角色作用

技术市场是从事技术中介服务和技术商品经营活动的场所。它以推动科技成果向现实生产力转化为宗旨，具体开展技术开发、技术转让、技术咨询、技术服务、技术承包；生产或经销科研中试产品和科技新产品；组织和开展技术成果的推广与应用等，技术覆盖面涉及所有技术领域。

技术市场的概念分为狭义和广义两种，狭义的技术市场是指一定时间、地点进行技术商品交易活动的场所；广义的技术市场是技术商品的流通领域，是技术成果交换关系的总和：是指科技成果从科研领域转移到生产领域，转化为现实生产力的过程。其中，交换关系的总和包含从技术商品开发到技术商品应用的全过程，它涉及与技术开发、技术转让、技术咨询、技术服务相关的技术交易活动及各相关主体之间的关系。

技术作为特殊商品，其市场的含义不应仅仅是指交易的场所，应该是广义的。由此引出技术市场的概念，即技术商品交换关系的总和。由于技术商品交换对场所没有较强的依赖关系，因此技术市场具有无形市场的属性。另外，技术商品价值的实现，也就是人们常说的技术商品的转化，在其系统中又离不开展览、展示、宣传及实验和生产所必需的场所与设备的支撑，反映出技术商品价值的实现与场所又具有一定的依存关系，这一点又体现出有形市场的特点。这就是业界常说的技术市场的有形和无形的二重性。

从业务范围讲，技术市场包括为科技成果向现实生产力转化、满足用户对技术商品的现实需求和潜在需求所进行的一系列业务活动。在我国目前设立的技术转移中心、技术交易机构、生产力促进中心、中小企业发展中心等机构，所从事的业务工作都是围绕促进科技成果向现实生产力转化而开展的，都属于技术市场的范畴，都是技术市场服务体系的组成部分。

技术市场所交换的商品是以知识形态出现的，不同于传统场所交换的商品，它是一种特殊的商品，有多种表现形态，包括软件形式（程序、工艺、配方、设计图等），以及买方需要的某种战略思想、预测分析、规划意见、知识传授等，这些形式都可构成技术商品。技术市场是连接科技与经济的桥梁与纽带，在促进科技与经济的结合，增强科技事业的自我发展能力，加快科技的社会传播与普及，增强企业的活力促进科技人才的流动，发展商品经济等方面都具有重要作用。

2.5.2 技术转移服务机构在科技成果转化中的角色作用

技术市场与常见的信息市场一样，都存在由于市场失灵而导致交易成本的升高和交易数量的降低的现象。出现这种现象的原因多数是：技术市场上有限的交易方数量、对于技术价值认定较高的不确定性、交易双方之间较大的信息非对称性，导致技术市场中发生机会主义行为（逆向选择和道德风险）概率显著增加，进而提高了技术市场中交易双方的信息收集成本、测量成本、执行成本以及监督成本，阻碍了技术供给方和技术需求方在技术市场进行有效交易。此时需要引进技术转移服务机构为供需双方的技术交易创造条件，促进技术交易的有序进行。

技术转移服务机构可以帮助技术供需双方降低交易成本，减少信息的非对称性，并推动双方在技术价值认识上达成共识，从而有效抑制技术市场上的机会主义行为，保证技术交易的成功。

在技术交易过程中，存在着为保障交易顺利进行所产生的如谈判、签订、维持、纠纷解决等相关费用，这是在市场交易过程中保障交易顺利进行并维护交易成果的必要支出。交易费用主要由两部分组成：一是交易之前的费用，如事先的咨询、协议的签订等费用；二是协议签订后的费用，如后期的法律保障、纠纷的解决等费用。技术转移服务机构的服务可以极大程度地满足企业降低交易成本的需求。

2.5.3 创业孵化机构和科技园区在科技成果转化中的角色作用

1. 孵化器

孵化器原指一种人工温控环境，这种环境能提高雏禽出生率和成活率,后被引申到经济领域。美国首先提出企业孵化器的概念,将科技企业孵化器称为企业创新中心或技术孵化器等,之后孵化器的概念传入中国并得以发展。中国科学技术部指出,科技企业孵化器是为新创办的科技型中小企业提供物理空间和基础设施,提供服务支持,降低创业者的创业风险和创业成本,提高创业成功率,促进科技成果转化;帮助和支持科技型中小企业成长与发展,并培养成功的企业和企业家,扶植高新技术中小企业的服务机构。

科技企业孵化器能够为科技型中小企业在初创阶段提供各类服务,其功能包括但不局限于提供基础设施、提供咨询与培训服务、给予资金支持、构建人才队伍、规避风险等。科技企业孵化器一方面满足科技型中小企业在创业初期对各类要素的基本需求,为其开展科技活动奠定坚实的物质基础,转移、降低,乃至消除资金、管理等方面的风险,提高初期成活率;另一方面协助其构建和完善内部管理体系,打造并发展主营业务,提高科技型中小企业从孵化器毕业后的生存能力、适应能力以及可持续发展能力。

2. 众创空间

众创空间是顺应网络时代创新创业特点和需求,通过市场化机制、专业化服务和资本化途径构建的低成本、便利化、全要素、开放式的新型创业服务平台的统称,其目的是营造良好的创新创业环境,激发全社会的创新创业活力。众创空间的出现,是伴随工业 4.0 时代的科技革命与工业革命而来,具有强烈的时代特征和政策导向。

针对众创空间的定义主要来自官方视角,即来源于政策文件。最早对众创空间进行定义的文件是《国务院办公厅关于发展众创空间推进大众创新创业的指导意见》,具体内容是:总结推广创客空间、创业咖啡、创新工场等新型孵化模式,充分利用国家自主创新示范区、国家高新技术产业开发区、科技企业孵化器、小企业创业基地、大学科技园和高校、科研院所的有利条件,发挥行业领军企业、创业投资机构、社会组织等社会力量的主力军作用,构建一批低成本、便利化、全要素、开放式的众创空间。发挥政策集成和协同效应,实现创新与创业相结合、线上与线下相结合、孵化与投资相结合,为广大创新创业者提供良好的工作空间、网络空间、社交空间和资源共享空间。《国务院办公厅关于加快众创空间发展服务实体经济转型升级的指导意见》进一步指出众创空间是一个通过龙头企业、中小微企业、科研院所、高校、创客等多方协同，打造的产学研用紧密结合的众创空间，其中明确规定鼓励在重点产业领域发展众创空间、鼓励龙头骨干企业围绕主营业务方向建设众创空间、鼓励科研院所、高校围绕优势专业领域建设众创空间、鼓励地方在依托国家级创新平台和双创基地的基础上打造一批具有当地特色的众创空间。科技部关于印发《发展众创空间工作指引》的通知中指出众创空间是顺应新一轮科技革命和产业变革新趋势、有效满足网络时代大众创新创业需求的新型创业服务平台，是针对早期创业的重要服务载体，与科技企业孵化器、加速器、产业园区等共同组成创业孵化链条。《国务院关于加快构建大众创业万众创新支撑平台的指导意见》指出鼓励各类线上虚拟众创空间发展，为创业创新者提供跨行业、跨学科、跨地域的线上交流和资源链接服务，鼓励创客空间、创业咖啡、创新工场等新型众创空间发展。可见众创空间不仅是一个特定地理空间内的实体空间，还可以是一个扶持创新创业发展的虚拟化线上空间。

通过官方给出的定义，众创空间是在新的创新范式下发展起来的针对早期创新创业的线下实体、线上虚拟或线下实体与线上虚拟相结合的创新创业服务平台（载体）。其服务范围包括：集聚创新创业者、提供技术创新服务、创业融资服务、创业教育培训、建立创业导师队伍、举办创新创业活动、链接国际创新资源、集成落实创业政策等。它与科技企业孵化器、加速器、产业园区等共同组成创业孵化链条。众创空间建设的参与主体可以是龙头企业、中小微企业、科研院所、高校以及创客，不同参与主体下的众创空间的经营模式可能会具有差异性。

3. 大学科技园

大学科技园是经国家科技部和教育部共同批准认定的大学生科技创业服务机构，是我国高校实现产学研相结合和自身社会服务功能，提升大学生社会实践能力的重要平台和基地。几十年来，大学科技园的建设和发展为我国高新科技成果转化与产业化目标的实现、高新技术企业孵化、产学研相结合提供了广阔的发展平台，为高校创新人才培养、减轻社会就业压力发挥了重要作用。

多年来，我国大学科技园大多推行孵化器模式，主要通过提供生产经营的场地与设施，提供培训与咨询、政策、融资、法律和市场推广等方面的孵化服务，来降低企业的创业风险和成本，提高创业企业的存活率，促进创业企业的发育成长。实际调查中，多数大学科技园主要为在孵企业提供场地和基础服务；更进一步的孵化器模式是以建立科技成果转化平台的形式来孵化企业，通过筛选、培育相关技术领域的企业，让科技成果借以得到一定转化。少数大学科技园实行研发机构和创新要素集聚模式，主要引入研发型企业或企业的研发机构，聚集创新要素，建立专业性创新集群，使园区内的创新活动达到一定规模，成为大学创新链上不可或缺的重要环节，为延伸大学创新和促进区域创新发挥重要作用。

可以看出，目前我国大学科技园大多是基于创业链的孵化器发展模式，倾向走由创业到产业集群的发展道路，并未形成基于创新链的创新集群，这与国家创新驱动发展战略的创新导向不相契合。在国家创新驱动战略中肩负重任的大学，需要延伸现有创新链，建立完整的创新链。完整的创新链包括前端创新和后端创新，而后端创新则是我国大学普遍存在的薄弱环节。后端创新的最好角色应由大学科技园扮演，然而我国大学科技园尚未担此重任。

2.5.4 知识产权服务机构在科技成果转化中的角色作用

“大力培育知识产权服务业”是国家知识产权局、国家发展和改革委员会、科技部等十部委联合发布的《国家知识产权事业发展“十二五”规划》里的重点任务之一。此后，国家知识产权局、国家发展和改革委员会、科技部等九部门联合发布了《关于加快培育和发展知识产权服务业的指导意见》，明确指出，促进知识产权服务与科技经济发展的深度融合，知识产权创造、运用、保护和管理能力大幅提升，为科技创新水平提升和经济发展效益显著改善提供支撑。

知识产权服务业是为知识产权的创造、运用、管理和保护提供相关服务的服务行业，是促进知识产权权利化、财产化、资本化、产业化的新兴业态，是高技术服务业的重要组成部分。知识产权服务业提供知识产权“获权—用权—维权”的相关服务，贯穿知识产权创造、运用、保护和管理的各个环节，其主要涉及六个方面的内容：(1)知识产权信息服务，如检索分析、数据库建设；(2)知识产权代理服务，如申请、注册、登记、复审、无效；

(3)知识产权法律服务,如企业上市或并购中的相关法律事务、尽职调查、国内外维权诉讼;(4)知识产权商用化服务,如评估、交易、投融资、托管、经营;(5)知识产权咨询服务,如预警分析、管理咨询、战略咨询和实务咨询;(6)知识产权培训服务,如职业资格培训、高端实务培训。

2.5.5 资产评估机构在科技成果转化中的角色作用

资产评估是指评估机构及其评估专业人员根据委托对不动产、动产、无形资产、企业价值、资产损失或者其他经济权益进行评定、估算,并出具评估报告的专业服务行为。资产评估的基本要素包括评估主体、评估客体、评估假设、评估目的、评估准则、评估程序、评估价值类型、评估方法、评估基准日以及评估结论。

资产评估机构是指依法设立,取得资产评估资格,从事资产评估业务活动的社会中介机构。资产评估机构开展评估服务要依赖于评估专业人员。评估专业人员由评估师和其他具有评估专业知识及实践经验的评估从业人员构成,其中评估师是指通过评估师资格考试的评估专业人员。

资产评估作为一种有理论指导的专业服务活动,起始于19世纪中后期的英国,而我国在20世纪80年代末期,为了合理确定国有企业改制、重组过程中的产权转让价格,维护国有资产,加强国有资产管理才有了国有资产评估活动。

现今,资产评估的主要作用有两个方面:第一是鉴证,起到鉴定与证实作用。作为同属经济鉴证类的中介服务行业,同审计一样,评估活动过程会受到政府相应的严格监管,在出具相应的评估报告的同时,也承担相应的法律责任。第二是咨询,是指在维护国家和社会公众等其他相关者利益的前提下,资产评估机构内部专业人员运用自身丰富的专业知识、经验和技术手段,根据委托者的要求提供咨询项目的数据资料与建议方案等;该估价意见本身并无强制执行的效力,仅仅是为交易双方的标的物的价格提供参考意见,标的物成交价格取决于交易双方的谈判能力,故而交易值与评估报告中评估值会呈现不相一致情况。可以看出,资产评估的两种作用的共同点在于通过评估机构专业人员凭借自身专业才能和职业判断来完成项目的评价或评值。不同之处在于,咨询作用要求评估机构和评估人员对单一的委托方承担责任,保证程度由机构和评估师的信誉来负责;而鉴证作用要求机构和评估人员同时对被评估方和外部信息使用者两方承担责任,要求评估机构和评估人员不仅做到估值的准确性,而且要在估值过程中尽量使信息不对称性降到最低,降低交易双方的交易成本,能够促进股东对公司管理层的监管。

2.6 科技成果转化的政策环境

环境要素是科技成果转化生态系统的构成部分,政策环境对科技成果转化工作具有重要的支撑作用。中共中央和国务院在2015年发布的《关于深化体制机制改革加快实施创新驱动发展战略的若干意见》指出,加快实施创新驱动发展战略,破除一切制约创新的思想障碍和制度藩篱,营造大众创业、万众创新的政策环境和制度环境。国务院2017年印发《国家技术转移体系建设方案》指出,建设和完善国家技术转移体系是一项系统工程,要着眼于构建高效协同的国家创新体系,从技术转移的全过程、全链条、全要素出发,从基础架构、转移通道、支撑保障三个方面进行系统布局。在支撑保障方面,要营造有利于技术转移的政策环境,确保技术转移体系高效运转。科技成果转化的政策环境是科技成果转化工作的重要支撑保障。

2.6.1 科技成果转化相关政策及其作用影响

党中央、国务院高度重视科技成果转化工作,尤其是十八大以来,我国修订、出台了一系列促进科技成果转化的法律法规、政策措施和行动方案,初步形成了具有中国特色的促进科技成果转化政策法规体系。其中,以《促进科技成果转化法》为代表的法律法规为我国科技成果转化工作提供了法律制度基础,为创新驱动发展战略的实施起到了保驾护航作用;中央和地方各级政府以及相关部委围绕科技成果转化出台的一系列配套政策文件,是对相关法律制度的进一步延伸、细化和落实。

1. 法律法规

法律法规是科技成果转化工作的制度基础。我国不仅高度重视科技成果转化领域的法律法规制定工作,而且还能根据法律法规在实施过程中呈现的新问题、新现象和新形势进行适时、适度修订。当前我国涉及科技成果转化领域的主要法律法规有《中华人民共和国促进科技成果转化法》《中华人民共和国科学技术进步法》《中华人民共和国专利法》《中华人民共和国公司法》《中华人民共和国商标法》《中华人民共和国民法典》等，这些法律法规主要涉及科学技术进步、企业国有资产、专利、著作权、个人所得税、农业技术推广、公司、商标、资产评估等方面，这些法律法规奠定了国家创新体系建设的重要法律制度基础，为促进科技成果转化、实施创新驱动发展战略起到了保驾护航作用。

值得一提的是，为适应我国科技成果转化工作面临的新情况、新问题和新形势，2015 年 8 月中华人民共和国全国人民代表大会修订了《促进科技成果转化法》，修订后的《促进科技成果转化法》对科技成果转化的 10 个方面约 30 多项管理制度进行了新增或调整。与修订前不同的是，修订后的该法进一步明确了企业、高校、科研院所等创新主体进行科技成果转化工作的权利和义务，对科技成果的使用、处置、收益管理制度进行了大刀阔斧的改革，进一步提高了科技人员成果转化的奖励比例，企业在科技成果转化过程中的主体地位得到了进一步强化，并且加强了科技金融结合和科技成果信息服务。《促进科技成果转化法》从法律和制度层面为科技与经济紧密结合打开了通道，为促进科技成果转化打开了制度空间，并由此带动了科技领域一系列突破性改革，极大丰富和完善了我国科技创新内涵。

2. 政策文件

党的十八大以来，围绕科技成果转化工作，党中央和国务院在深化体制机制改革、强化科技人员收入分配政策激励、深化职称制度改革和人才评价管理、构建国家技术转移体系、加强国有资产管理等方面出台了一系列政策文件；这些政策文件的出台，激发了创新主体科技成果转化动力，优化了科技成果转化环境，对于促进科技成果转化和实施创新驱动发展战略具有重要意义。

为落实《促进科技成果转化法》，打通科技与经济结合的通道，鼓励企业、高等院校和科研院所等创新主体及科技人员转化科技成果，2016 年 2 月国务院颁布了《实施〈促进科技成果转化法〉若干规定》，从促进研究开发机构、高等院校技术转移，鼓励科技人员创新创业，营造科技成果转化良好环境三大方面提出了十几条若干规定。同年4月国务院办公厅又印发实施了《促进科技成果转移转化行动方案》，面向“十三五”时期部署了8个方面26项重点任务，全面推动各地方、各部门、各类创新主体加强科技成果转化工作，在科技成果处置权和收益权方面赋予了单位更多自主权，科技成果产生和转化的主体正在从企业转变为科研人员。至此，修订《促进科技成果转化法》、颁布《实施〈促进科技成果转化法〉若干规定》、出台《促进科技成果转移转化行动方案》，构成了我国从修订法律条款、制定配套细则到部署具体任务的科技成果转化工作的“三部曲”。

为深入贯彻落实中央促进科技成果转化精神，财政部、科技部、教育部、人力资源和社会保障部、国家税务总局、国家知识产权局等部委分别出台了一系列相关配套政策文件，这些配套政策主要聚焦国有资产管理、股权激励和税收政策、支持和鼓励事业单位专业技术人员“双创”、科技成果转化引导基金管理等方面。这些配套政策文件的出台，是各部委根据自身职能定位和行业特点，对中央促进科技成果转化精神的积极贯彻落实，有助于科技成果转化工作的有序推进。

为加快推动科技成果转化为现实生产力，绝大多数地方政府结合本地实际情况，出台了相关配套政策，并推出了大量“政策包”激发科技成果转化动力。地方政府出台的这些政策法规，突出了对中央促进科技成果转化精神的衔接、深化和落实，尤其是对中央政策法规中较为原则性的条款进行了细化和丰富，有助于中央促进科技成果转化精神的细化落实。此外，地方政府出台的这些政策法规还突出了地方特色，是对长期以来地方科技成果转化形成的实践经验的总结和固化，并进一步增强了地方政府促进科技成果转化行动方案的可操作性。

2.6.2 国有资产管理相关政策及其作用影响

在我国科技成果转化的工作中，国家设立的科研院所和高校是源头创新的主力军，是科技成果的重要创造主体。当前我国着力推动的科技成果转化工作，就是要把科研院所和高校创造的科技成果同经济和产业对接，通过企业这个实施主体把科技成果转化成现实生产力。国家设立的科研院所和高校，其科技成果都是国有资产，在科技成果转化的过程中，防止国有资产流失是必须遵循的重要原则。因此，我国国有资产管理体制和相关政策对实施科技成果转化工作有着重要的影响。

我国的国有资产管理体制经历了三个发展阶段：1949—2003年以“管企业”体制为主的时期；2003—2013年以“管资产”体制为主的时期；2013年以来以“管资本”体制为主的时期。党的十八届三中全会决定开启了“管资本”为主的全面深化改革时期，不仅有利于实现政企分开、政资分开，提高国有资产运营效率，而且有利于调整和优化国有经济布局。党的十九大报告提出“使市场在资源配置中起决定性作用，更好发挥政府作用”。国有资产监管体制改革在逐渐厘清政府与市场关系的同时，不断赋予企业更大的经营自主权。党的十九大报告也就国有资产保值、增值提出了更具体的要求。

1. 事业单位国有无形资产的管理政策

2006年5月30日财政部令第36号公布了《事业单位国资管理办法》，2017年12月4日财政部令第90号《财政部关于修改〈注册会计师注册办法〉等6部规章的决定》对《事业单位国资管理办法》进行了第一次修改，2019年3月29日财政部令第100号《财政部关于修改〈事业单位国有资产管理暂行办法〉的决定》（简称《决定》）对《事业单位国资管理办法》进行了第二次修改。

《决定》修改的主要内容包括：赋予了国家设立的研究开发机构、高校对其持有的科技成果自主管理的权限，简化了有关评估程序，同时明确了有关定价公开机制和故意低价处置国有资产行为的处理措施。

根据《决定》，国家设立的研究开发机构、高等院校对其持有的科技成果，可以自主决定转让、许可或者作价投资，不需报主管部门、财政部门审批或备案，并通过协议定价、在技术交易市场挂牌交易、拍卖等方式确定价格；通过协议定价方式确定价格的，应当在本单位公示科技成果名称和拟交易价格；转化科技成果所获得的收入全部留归本单位；将其持有的科技成果转让、许可或者作价投资给国有全资企业的，可以不进行资产评估；转让、许可或者作价投资给非国有全资企业的，由单位自主决定是否进行资产评估。

2. 事业单位科技成果处置权限的政策

2011年2月22日，财政部印发《关于在中关村国家自主创新示范区进行中央级事业单位科技成果处置权改革试点的通知》指出，为了积极支持中关村国家自主创新示范区建设，进一步激发区内中央级事业单位及其研发人员的积极性和创造性，财政部决定在中关村国家自主创新示范区进行中央级事业单位科技成果处置权改革试点。其中，中央级事业单位科技成果处置是指中央级事业单位对其拥有的科技成果进行产权转让或注销产权的行为，包括无偿划转、对外捐赠、出售、转让等。此次针对中关村国家自主创新示范区开展中央级事业单位科技成果处置权和收益权管理改革，简化了800万元以下科技成果处置流程，并将成果处置收益由全额上缴中央国库，调整为分段按比例留归单位：一次性处置单位价值或批量价值在800万元以下的，由所在单位按照有关规定自主进行处置，并于一个月内将处置结果报财政部备案；一次性处置单位价值或批量价值在800万元以上（含）的，由所在单位经主管部门审核同意后报财政部审批。

2013年9月26日，财政部印发了《关于扩大中央级事业单位科技成果处置权和收益权管理改革试点范围和延长试点期限的通知》，将科技成果处置权和收益权管理改革试点政策实施范围由中关村国家自主创新示范区扩大到东湖国家自主创新示范区、张江国家自主创新示范区和合芜蚌自主创新综合试验区，以在更大范围内推进改革，破除制约科技创新的制度障碍，促进科技经济有机结合。

2015年中共中央和国务院发布《关于深化体制机制改革加快实施创新驱动发展战略的若干意见》，指出要加快下放科技成果使用、处置和收益权，结合事业单位分类改革要求，尽快将财政资金支持形成的，不涉及国防、国家安全、国家利益、重大社会公共利益的科技成果的使用权、处置权和收益权，全部下放给符合条件的项目承担单位。单位主管部门和财政部门对科技成果在境内的使用、处置不再审批或备案，科技成果转移转化所得收入全部留归单位，纳入单位预算，实行统一管理，处置收入不上缴国库。

1996年我国制订的《促进科技成果转化法》在2015年进行了修订。修订后的《促进科技成果转化法》，最大的突破是科技成果使用权、处置权和收益权改革。在历史上，我国科研事业单位拥有科技成果的所有权，但是处置、取得收益，还要经过国有资产管理部门的审批，需要符合国有资产管理要求。因此对科技成果的所有权实际上是不完整的。国有资产管理程序与国有技术类无形资产的特点不适应，在一定程度上限制了科研事业单位通过技术转让、作价入股来促进科技成果转化的积极性。虽然从2011年开始，财政部、科技部等部门开展中央级事业单位科技成果使用、处置和收益管理改革试点，但制约科技成果转化的问题始终存在。

修改后的《促进科技成果转化法》在法律层面上推进了科技成果使用权、处置权和收益权改革，规定：国家设立的研究开发机构、高等院校对其持有的科技成果，可以自主决定转让、许可或者作价投资；国家设立的研究开发机构、高等院校转化科技成果所获得的收入全部留归本单位，在对完成、转化职务科技成果做出重要贡献的人员给予奖励和报酬后，主要用于科学技术研究开发与成果转化等相关工作。修改后的《促进科技成果转化法》在《科技进步法》将科技成果的所有权赋予承担单位的基础上，进一步将科技成果的使用权、处置权、收益权赋予国家设立的研究开发机构和高等院校，彻底解决了科技成果的所有权问题。

2.6.3 科研人员创新创业激励相关政策及其作用影响

1. 对科研人员的奖励政策

2015年修订的《促进科技成果转化法》强化了对科技人员的激励，提高了奖励标准，同时进行相关的配套制度改革，确保激励能够落实到位。1996年的《促进科技成果转化法》规定，在科技成果转化后对科技人员奖励不低于净收入的20%，但是在实施中受到各种因素的制约而落实渠道不畅通，影响了科技人员的积极性。修改后的《促进科技成果转化法》首先提高了科技人员奖励比例，科技成果完成单位可以规定或与科技人员约定奖励和报酬的方式及数额；奖励和报酬的最低标准由现行不低于职务科技成果转让或许可净收入，或作价投资形成的股份、出资比例的20%提高至50%，并明确国家设立的研究开发机构、高等院校规定或与科技人员约定的奖励、报酬的方式和数额应当符合上述标准。为保证奖励和报酬落实到位，首先从收益的处置权上明确单位有权自主处置收入，不需要再上缴国库，同时进一步明确了国有企业、事业单位给予科技人员奖励和报酬的支出不受当年本单位工资总额限制，从而为奖励的落实打通了制度环节。

2. 以增加知识价值为导向的分配政策

2016年，中共中央办公厅和国务院办公厅印发的《关于实行以增加知识价值为导向分配政策的若干意见》指出，要实行以增加知识价值为导向的分配政策，充分发挥收入分配政策的激励导向作用，激发广大科研人员的积极性、主动性和创造性，鼓励多出成果、快出成果和出好成果，推动科技成果加快向现实生产力转化。充分发挥市场机制作用，通过稳定提高基本工资、加大绩效工资分配激励力度、落实科技成果转化奖励等激励措施，使科研人员收入与岗位职责、工作业绩、实际贡献紧密联系，在全社会形成知识创造价值、价值创造者得到合理回报的良性循环，构建体现增加知识价值的收入分配机制。

逐步提高科研人员收入水平。在保障基本工资水平正常增长的基础上，逐步提高体现科研人员履行岗位职责、承担政府和社会委托任务等的基础性绩效工资水平，并建立绩效工资稳定增长机制。加大对做出突出贡献科研人员和创新团队的奖励力度，提高科研人员科技成果转化收益分享比例。强化绩效评价与考核，使收入分配与考核评价结果挂钩。

发挥财政科研项目资金的激励引导作用。对不同功能和资金来源的科研项目实行分类管理，在绩效评价基础上，加大对科研人员的绩效激励力度。完善科研项目资金和成果管理制度，对目标明确的应用型科研项目逐步实行合同制管理。对社会科学研究机构和智库，推行政府购买服务制度。

鼓励科研人员通过科技成果转化获得合理收入。积极探索通过市场配置资源加快科技成果转化、实现知识价值的有效方式。财政资助科研项目所产生的科技成果在实施转化时，应明确项目承担单位和完成人之间的收益分配比例。对于接受企业、其他社会组织委托的横向委托项目，允许项目承担单位和科研人员通过合同约定知识产权使用权和转化收益，探索赋予科研人员科技成果所有权或长期使用权。逐步提高稿费和版税等付酬标准，增加科研人员的成果性收入。

赋予科研机构、高校更大的收入分配自主权，引导科研机构、高校实行体现自身特点的分配办法。加强科技成果产权对科研人员的长期激励。坚持长期产权激励与现金奖励并举，探索对科研人员实施股权、期权和分红激励。科研机构、高校应建立健全科技成果转化内部管理与奖励制度，自主决定科技成果转化收益分配和奖励方案，构建对科技人员的股权激励等中长期激励机制。以科技成果作价入股作为对科技人员的奖励涉及股权注册登记及变更的，无须报科研机构、高校的主管部门审批。对符合条件的股票期权、股权期权、限制性股票、股权奖励以及科技成果投资入股等实施递延纳税优惠政策，鼓励科研人员创新创业，进一步促进科技成果转化。

3. 鼓励科研人员兼职或离岗创业的政策

2016年中共中央发布的《关于深化人才发展体制机制改革的意见》和国务院发布的《实施〈中华人民共和国促进科技成果转化法〉若干规定》指出，鼓励和支持人才创新创业。国家设立的研究开发机构、高等院校科技人员在履行岗位职责、完成本职工作的前提下，经征得单位同意，可以兼职到企业等从事科技成果转化活动或者离岗创业，在原则上不超过3年时间内保留人事关系，从事科技成果转化活动。研究开发机构、高等院校应当建立制度规定或者与科技人员约定兼职、离岗从事科技成果转化活动期间和期满后的权利和义务。离岗创业期间，科技人员所承担的国家科技计划和基金项目原则上不得中止，确需中止的应当按照有关管理办法办理手续。

2017年人力资源社会保障部发布的《关于支持和鼓励事业单位专业技术人员创新创业的指导意见》指出，支持和鼓励事业单位选派专业技术人员到企业挂职或者参与项目合作，支持和鼓励事业单位专业技术人员兼职创新或者在职创办企业，支持和鼓励事业单位专业技术人员离岗创新创业。

事业单位选派符合条件的专业技术人员到企业挂职或者参与项目合作，是强化科技同经济对接、创新成果同产业对接、创新项目同现实生产力对接的重要举措，有助于实现企业、高校、科研院所协同创新，强化对企业技术创新的源头支持。

支持和鼓励事业单位专业技术人员到与本单位业务领域相近的企业、科研机构、高校、社会组织等兼职，或者利用与本人从事专业相关的创业项目在职创办企业，是鼓励事业单位专业技术人员合理利用时间，挖掘创新潜力的重要举措，有助于推动科技成果加快向现实生产力转化。

事业单位专业技术人员带着科研项目和成果离岗创办科技型企业或

者到企业开展创新工作(简称离岗创业),是充分发挥市场在人才资源配置中的决定性作用;提高了人才流动性,最大限度激发和释放创新创业活力的重要举措,有助于科技创新成果快速实现产业化,转化为现实生产力。

4. 赋予科研人员职务科技成果所有权或长期使用权

2020 年 5 月 9 日,科技部等 9 部门印发《赋予科研人员职务科技成果所有权或长期使用权试点实施方案》,为深化科技成果使用权、处置权和收益权改革,进一步激发科研人员创新热情,促进科技成果转化,对赋予科研人员职务科技成果所有权或长期使用权进行试点工作。通过赋予科研人员职务科技成果所有权或长期使用权实施产权激励,完善科技成果转化激励政策,激发科研人员创新创业的积极性,促进科技与经济深度融合,并推动经济高质量发展。

案例分析

【案例简介】

在时任北京理工大学(以下简称"北理工")资产公司党委书记戴斌的推动下,2011 年 10 月 21 日工业和信息化部正式批准了北京理工雷科电子信息技术有限公司(以下简称"理工雷科")的股权激励方案,同意北理工将学校对理工雷科 600 万元无形资产出资中的 180 万元出资奖励给以毛二可院士和龙腾教授为代表的科研研发团队,这是北理工第一家学科性公司,北理工也是 2009 年中关村国家自主创新示范区进行股权激励改革试点以来第一个被正式批准实施股权激励的高校;该企业有效实现了该校导航定位系统科技成果转化,进一步促进了"知识创新以学校为主、技术创新以学科性公司为主"分工协同创新的局面,并于 2015 年成功上市。

【角色分析】

科研人员代表毛二可院士,技术经理人角色扮演者戴斌,两者为同事关系,戴斌长期在高校资产经营和技术转移部门工作,在让高校知识创新和企业技术创新兼容并蓄方面与毛二可院士有共同的思考,并积极探索通过体制机制创新,破解科技成果转化及产业化难题。

【技术经理人职能分析】

1.政策依据：2010年之前，国家关于科技成果转化，特别是作价投资方式实施科技成果转化没有法律和政策依据，不知谁来审批。为此，戴斌多次协调中关村创新平台，并借助2010年颁布实施的《中关村国家自主创新示范区企业股权和分红激励实施办法》（以下简称《实施办法》）和中关村先试先行的导向性政策，为创新科技体制机制创办学科性公司找到了政策依据，明确了实施科技成果入股股权激励的高校，由主管部门来审批，股权奖励个人所得税在取得收益（分红、转让出股份）后开始缴纳。

2.股权设计：理工雷科成立之初注册资本2 000万元，北理工科技成果作价600万元入股，其中，科技成果入股技术人员占30%、学校占30%、学科组占30%、学院占10%，教师团队及公司员工现金出资1 400万元。同时在团队内部，科学研究与成果转化分线实施，一部分教师专注科学研究，另一部分教师侧重成果转化。北理工分别从法律层面、政策层面、利益层面把教师纳入产学研合作链条。

3.机制设计：为确保学科团队、教师个人和学院的利益共享风险共担，创立学科公司时要求技术团队和管理团队个人现金入股，特别是对获得股权激励的技术人员，其现金入股金额原则上不低于所获股权奖励的数额，建立“利益共享、风险共担”机制：一方面强化了公司核心团队的责任心，另一方面也形成了公司内部、团队成员之间的日常监督、制约机制，可有效降低学科性公司的创业风险。

第3章　技术经理人的使命与职责

内容要点： 技术经理人是新时代创新驱动发展战略背景下国家亟需的高端复合型专业化人才，肩负对科技成果经营管理的历史使命和全程参与科技成果转化的工作职责。技术经理人对科技成果的经营管理，其实质是对知识产权的商业化运营；技术经理人全程参与科技成果转化，帮助跨越科技成果转化的"死亡谷"，帮助实现成果转化。

在科技成果转化的全过程中，技术经理人发挥着重要的角色作用，这是国内外的普遍共识。自20世纪60年代以来，国际上就出现了大量的技术经理人行业组织。2018年12月5日，李克强总理在国务院常务会议上强调，要引入技术经理人全程参与成果转化。作为新时代创新驱动发展战略背景下国家亟需的高端复合型专业化人才，技术经理人肩负对科技成果经营管理的历史使命和全程参与科技成果转化的工作职责。

3.1　技术经理人的使命——对科技成果的经营管理

科技成果转化的过程实质是对科技成果的经营管理和知识的商业化过程。知识的商业化过程中充满了随机性和不确定性。从知识生产，到专利申请，已属不易，若要最终转化为有形产品，则要穿越无数个"死亡之谷"的考验，才能问世。此时的有形产品，还不过是处于概念验证的阶段，只是一个有待改进的产品雏形。而那些能够历经整个过程、真正出现在市场上，并最终获利的知识产品，则少之又少。因而，知识商业化并不是唾手可得的指令性活动，而是一个庞杂的系统工程。

知识商业化是知识的功利主义使用，是人们重视知识工具价值的结果。人们合理地认为，既然知识可以被用来申请专利，那么只要加大知识产权保护、重视专利申请、扩大专利授权许可和鼓励成立新公司开发新产品就足够了。起初，人们认为这是推动知识商业化最直接、最有效的路径，然而实际效果并不理想。而随着知识经济的发展，知识财富的货币价值和学术研究的经济价值使得高校、科研院所与产业之间的关系越来越密切，科技成果的商业化、市场化已经成为一种必然趋势。高校、科研院所需从学术化生存转向市场化生存。

学术资本主义是对当代高校、科研院所与市场新型关系的精辟归纳，是对经济领域的商业文化与高等教育系统中的学术文化日趋融合的一种描述。学术资本主义理念融合了知识世界的学术规则和经济世界的市场规则，高校、科研院所的组织文化不仅要体现教学科研人员在其专业领域的社会声望与学术水平，也要体现其学术成果的市场价值和经济效益。学术资本主义是一种致力于科学研究商业化，寻求科技成果的经济效益，以市场价值为导向的知识生产与转化方式的理念。在这种理念的引领下，利益与效率占据了话语主导权，知识的资本化、产业化是高校、科研院所新的核心任务，高校、科研院所及其科技人员会尽力实现科技成果的商业化与市场化，高校、科研院所必须学会如何向市场或企业销售自己的新成果、新技术。

高校、科研院所科技成果的商业化与市场化，技术含量高，同时涉及法律、管理等，是一项非常专业的工作。如果有专业的人员提供从最初的信息采集、技术和市场评估，到专利申请管理和专利授权后的权利维护、信息服务，以及技术贸易服务、许可谈判、许可费管理和再投资等全方位、高水平、专业化和系统化的一条龙服务，肯定会大大提高成功率。此外，学术资本主义理念下，科研人员的市场意识会大大增强，但科技人员不可能亲自参与每一项科技成果转化的各个环节，斯坦福大学有一句名言“永远不要让教授坐到谈判桌前，”是非常有道理的。常言“业有所精，术有专攻”，教授擅长的是研究、创造，而不是商业谈判。因此，科技成果商业化与市场化的管理、营销、运作、洽谈等具体程序应该由专业的、职业化的人员来进行。技术经理人就是为了这个使命应运而生的。

认识技术经理人的使命，需要认识现代企业制度与经理人制度的本质。

企业是指依法设立的，在生产、流通、服务等领域中从事某种相对固定的商品经济活动，通过提供某种满足社会需要的商品或劳务来实现盈利，进行自主经营，实现独立经济核算的经济组织。企业是与资本主义生产相联系的组织形式，企业以协作劳动为纽带而从事生产经营活动，并向社会提供商品或服务。企业制度是指以产权制度为基础和核心的组织制度。从企业制度的历史发展看，它经历了业主制→合伙制→公司制的演进过程。业主制企业是指一个人出资经营、归个人所有和控制的企业，它是企业制度中的早期存在形式。合伙制企业是由两个或两个以上出资人联合组成的企业，其基本特征与业主制企业并无本质上的区别。公司制企业是一个独立于出资者的经济、法律实体，是现代经济生活中主要的企业存在形式。公司制企业是由股东、经营管理者和雇员三类利益主体构成的。公司制企业是进行大规模资本联合与资本经营的产物。公司制企业的产生是适应市场经济发展和社会化大生产的需要而逐步形成的，也是企业经营管理专业化趋势的要求。

伴随着现代公司制企业的产生，企业所有权和控制权也发生了分离，企业管理越来越专业化、复杂化和科学化。企业管理对企业经营者能力的要求也越来越高，以往那种由所有者或大股东管理企业的做法已不适应新的形势。马克思指出："与信用事业一起发展起来的股份公司，一般地说也有一种趋势，就是使这种管理劳动作为一种职能越来越同自有资本或借入资本的所有权相分离。"这就为经理人以专业经营管理者的身份登上经济舞台提供了可能。

社会分工的不断演进使经理人逐步走向职业化，并作为一个独立的角色屹立于社会。经理人作为一个普遍而具有影响力的角色，对当代社会和经济发展起着举足轻重的作用。经理人重要的社会职能就是根据市场要素和市场产品的供需情况，按照投入产出的原则，尽量降低生产要素的总价格，使产出总价格与投入生产要素总价格的之差最大化。经理人这样做的目的是追求利润最大化，但在客观上却起到了节约社会劳动、优化资源配置、提高社会劳动生产率的作用。经理人是推动社会与经济发展的核心力量。

在高校、科研院所科技成果的商业化与市场化中，高校、科研院所和科研人员拥有对科技成果的所有权，技术经理人在契约委托下对科技成果进行经营管理，实现学术和知识资本的利益价值最大化。

3.2 技术经理人对知识产权的运营

技术经理人对科技成果的运营管理，实质是对知识产权的商业化运营。知识产权运营是指以实现知识产权经济价值为直接目的，通过知识产权转让、许可、质押融资、管理咨询等方式，借助市场交易来实现知识产权开发的投资回报和经济效益的商业活动行为。

知识产权运营包括知识产权创造、保护和运用三个阶段：

(1) 创造阶段。技术经理人在知识产权的早期创造阶段就积极地介入，通过专业化的市场需求调查功能，对知识产权的早期创造阶段进行指导，使产生的知识产权从立项就具有市场潜力和运营价值。

(2) 保护阶段。技术经理人在此阶段的核心任务是对前期产生的科技成果进行保护，通过申请和授权，形成知识产权。技术经理人需要对产生的知识产权进行分类，构建完整的知识产权网络体系，多层次多渠道地对研发阶段产生的知识产权进行保护。

(3) 运用阶段。技术经理人通过专业化的知识产权评估网络、知识产权金融投资网络和知识产权的法律咨询网络，为知识产权的产业化运营提供必要保障，包括前期的产业化可行性研究、知识产权评估、鉴定、企业孵化、融资担保和法务咨询等一系列服务，确保知识产权的产业化畅通无阻。

知识产权运营包括以下四项核心任务：

(1) 知识产权评估，知识产权评估贯穿知识产权创造、保护和运用的全过程。知识产权评估可以帮助研发人员决定一项科技成果是否应该继续直至市场化或是立即终止。为此，需要配有技术背景的市场专家，主要关注知识产权经济价值的可实现程度，侧重于知识产权的商业价值。此外，还必须配有一支专业化的知识产权评估师队伍，侧重于知识产权的技术价值。

(2) 市场需求调查，技术经理人作为企业和创新主体之间的桥梁和枢纽，依托有技术背景的市场专家，了解企业的市场需求并为其寻找相对应的技术，这其中，市场需求调查尤为重要。一方面，要了解企业的市场需求,通过高校、科研院所等研发机构为其匹配对应的技术来实现企业产业化的需求;另一方面,通过其市场调查体系,指导高校、科研院所的研究课题以市场需求为导向,使其产出的科技成果等知识产权具备产业化的市场价值和经济效益。

(3) 知识产权金融投资,资金支持是知识产权产业化过程中一个非常重要的环节。一方面,应该配备一张完备的知识产权金融投资网络,通过政府的财政资金的引导作用,争取银行贷款及吸引社会资本参与,破解知识产权产业化运营过程中的多元资金"瓶颈";另一方面,知识产权金融投资体系必须配备有金融专家,由于知识产权运营的高风险导致其对金融资本和金融工具的创新较为依赖,对于如何保证资金的投入强度和风险,必须要有金融专家的介入为其保驾护航。

(4) 知识产权法律咨询,知识产权法律咨询同样贯穿知识产权创造、保护和运用的全过程。目前国家关于知识产权法律保护的制度日益健全,知识产权的法律价值是通过赋予智力成果的排他性来实现的,特别是在知识产权的申请、授权和运用阶段,知识产权的法务咨询和知识产权的保护必不可少,因此,知识产权法律咨询功能离不开知识产权分析师或者律师的加入。

3.3 技术经理人的职责——全程参与科技成果转化

高校科研院所的科技成果从发明创造到转化运用,一般可以分为基础研究、技术开发、工程研制和生产营销四个阶段。从技术成熟度角度看,技术成熟度达到 3 级以前,可以认为是基础研究和原理实现阶段,这个阶段完成原理样品的研制;技术成熟度 4～6 级,认为是从原理样品的研制到工程样品的技术开发阶段;技术成熟度达到 9 级,完成产品实现,这期间会发生技术交易或新企业创建,之后企业成长的同时完成产品向有市场竞争力商品的过渡。

在整个科技成果转化的链条中,技术人员、经营人员、投资人、专利代理师、资产评估师、技术经纪人等多种角色相继出现并发挥相应作用,不同类型和角色人群的理念、出发点、利益点各具差异;如何把他们聚合在

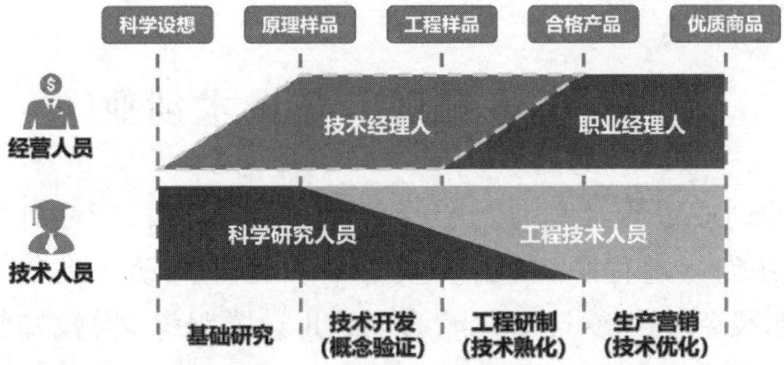

一起,发挥各自特长和优势,经营人员的作用至关重要。而创新和转化主体的技术人员和经营人员始终站在聚光灯下,始终是科技成果转化这台大戏的主角。

职业经理人是随着企业经营权和所有权的分离逐渐发展起来的一种职业,最显著的特征就是职业化和专业化。相对企业的职业经理人,在成果转化过程中需要更多的关注技术经理人这类人群。技术经理人运用专业知识和实务能力,配合科技工作者完成科技成果转化的全过程,共同实现科技成果价值最大化。

在原理实现阶段,科研人员占据完全主导地位,技术经理人开始接触科研团队,引导科研人员打造未来具有竞争力的产品。在概念验证阶段,俗称科技成果转化"死亡谷"阶段,技术经理人的作用至关重要,他们需具备技术、产业、金融、知识产权、法律和财税等多方知识,高效组织整合技术供给方、技术需求方、技术中介和政府部门等各方资源,并推动科研成果走出实验室,研制出工程样机。在企业创建和技术交易阶段,技术经理人仍将发挥核心作用,配合科研人员创立企业或完成技术交易。而科研人员从概念验证阶段开始,其主导作用逐步减弱,工程技术人员的作用逐步增强。在企业创建阶段,技术经理人需要完成与职业经理人的衔接和过渡,确保在企业成长过程中由职业经理人掌舵,职业经理人对内负责组织管理、生产管理和战略规划制定,对外开拓市场、争取合作或投资和发现创造机遇等,力图实现企业的商业价值,为企业创造更多的利润。而这时科研人员与技术经理人将协作进行新一轮研发,科研人员与技术经理人将成果转化的接力棒交给职业经理人,既保障了科研团队应有的回报,又推动科研团队进一步创新。

3.4 技术经理人与技术创业

新企业的创业过程被划分为机会发现、机会评估、产品开发和商业化四个阶段。在创业过程中，新创企业的知识管理活动驱动创业能力的形成和演化，技术经理人参与知识管理，提供支撑服务，增强知识管理对创业能力的驱动作用，最终将提高创业的成功率。

机会发现，科技领域机会发现阶段的主要目标是机会识别，机会识别是创业者成功创业之路上面临的首要问题。商业机会的识别和捕捉具有很大的不确定性，虽然有时候商业机会的产生具有“意外”因素，依靠创业者的“信息偶遇”来捕捉商业机会往往是相当困难的。创业者需要具有警觉性和创造力，以取得最多的机会发现数量和尽可能高的机会发现质量。警觉性和创造力高的创业者，可以将各种看似无关的念头串联起来，形成清晰的概念，从而发现机会。创业者的警觉性和创造力受知识驱动。警觉性和创造力的构建不仅取决于创业者自身的先验知识基础，还取决于对外部知识资源的整合。

就创业者个人知识、组织能力和跨界搜索经济承担能力而言，新创企业一般都居于弱势，难以独立完成机会识别。技术经理人能够帮助企业更快速、更有效率地搜索，获取相应市场知识和技术知识，以利于识别市场机会，技术经理人利用自身的知识资源优势，整合各种知识资源，进行机会扫描，可以缩小机会选择范围，并获得更多的信息，使创业者摆脱“本地搜索”和“过度搜索”的困境。

机会评估，机会评估阶段的主要目标是评价机会的商业价值，以决定是利用还是放弃？机会评估需要确认可能带来市场机会的新技术的特性和前途，正确估计风险、成本和期望收益，创业者的决策能力在其中起着决定作用。机会的商业价值评估通常是在模糊环境下进行，知识的搜索和获取能够减少创业者决策的不确定性。新创企业在自身战略思想指引下进行机会分析，对机会利用价值进行评估，并就产品概念进行构思，机会评估和产品构思得到确认后，即形成产品概念。此阶段的决策能力主要取决于创业者的知识基础。评估和构思之前，创业者很少单凭自身的经验做出决策，需要搜索内外部相关知识，充分地进行前期调查，一般会从其社会网络中寻求外部知识以支持正确决策。因此，创业者的决策能力仍然受制于能否搜索到和获取相应知识。

创业者最初依靠老乡、亲友等亲缘关系网络，以及同行圈、供应链等产业网络，搜索和获取机会评估所需知识，但即便这样，仍然难以完全摆脱认识“陷阱”，因为跨领域和跨产业网络知识仅靠创业者的社会网络实际不易触及。技术经理人依赖其广泛联系的知识网络，更能有效地监测外部市场和技术环境，跨领域和跨产业网络感知知识动态，正确评价和过滤知识，为新创企业提供高质量的市场和技术情报。此外，技术经理人还能为新创企业的机会评估提供管理支持，比如资料归档、信息编码、机会筛选、评估方法和评估建议等，这种服务对新创企业很有必要。技术经理人还可以协助企业根据机会评估的结果，把创意迅速转变成产品概念。

开发阶段，开发阶段的主要目标是将产品和技术由一种想法或概念转变为现实的产品和技术原型。随着创新模式由封闭式创新向开放式创新转变，外部知识对新创企业开发活动的影响逐渐加深，企业必须跨越现有的组织或领域边界搜索新知识、获取新知识，并加以转化和利用，才能产生强大的适应能力。构建知识吸收能力对于新创企业产品开发和技术创新的重要性不言而喻，但在开放式创新环境下，这一过程很难由新创企业独立完成，新创企业与技术经理人的联系既更加迫切，又愈加密切。在这一阶段，技术经理人扫描获取知识的市场和技术环境，帮助企业寻找知识源，还帮助企业与拥有知识的其他主体建立关系网络，获取并转移知识，同时帮助企业建立吸收已获取知识的能力。

整个开发阶段，技术经理人提供的服务支持具体表现在：

（1）为新创企业的知识跨界搜索提供智能支持。通过技术趋势可视化技术和技术发展路径追踪技术监测外部技术发展状况。技术经理人能够深度接触、获取和整合分布在不同领域的知识，并把这些知识转移给需要的企业，为企业技术方案决策提供参考。

（2）为新创企业的研究开发提供知识代理服务，匹配企业知识需求。首先，技术经理人与知识和技术的拥有者有着广泛密切的联系，能够帮助企业嵌入外部知识源网络，推动企业和知识提供者之间的磋商，促进知识的顺利转移和获取。其次，技术经理人可以通过识别哪种具体技术是面临同样问题的新企业都可能需要的，然后发起和组织企业共同研发，自己也参与开发能够惠及整个产业的新知识，再推动新知识在整个产业的共享或跨领域的应用。同时，为了填补新企业的知识空白，缩短研发时间，共同研发中心帮助企业制订技术合同，把研发工作分包给处于共同研发中心和企业之外的第三方。最后，技术创新模拟，联系和租用外部实验室、专用设备，取得专利技术许可，执行知识产权事务，也是技术经理人经常为新企业提供的代理服务。

（3）为新创企业的研究开发提供知识智库。具备知识智库功能的技术经理人通常比新企业更加熟悉行业内情况，企业很乐意与其建立起信任关系。开发活动中很多知识是默会知识，而不是可编码的显性知识，知识交换和转移需要人际间互动和组织间互动，企业技术人员、创业者与顾问人员面对面的接触成为经常行为，所以建立起相互信任关系十分必要。

在开发阶段过程中，技术经理人参与到知识转移、知识搜索、知识获取、知识内部转化和利用活动，通过知识搜索智能支持、知识代理和知识智库服务，能够帮助新创企业逐步建立起产品开发和技术创新所需要的知识识别、吸纳、转化和利用能力。

商业化阶段，商业化阶段的主要目标是将成型的产品成功地投放市场，传递价值给最终用户，实现最大化的收益。最佳的市场进入时机和正确的市场进入策略是创业成功和企业存活的关键。新创企业只有正确地识别细分市场，合理安排资产，选择恰当的销售渠道，制定合理的价格策略，在目标市场上售卖产品，才能在市场中获得收益。市场进入决策也是在一种不确定环境中进行的决策，仅凭创业者的先验知识会陷入“短视”和僵化，错失进入机会。新创企业缺乏商业分析和市场进入的知识和经验，对哪些细分市场更有利可图没有能力判断，又缺乏社会资本建立商业关系，更没有正规的知识管理惯例和流程支持市场进入决策，因此经常产生“试错”行为。显然，新创企业在市场进入时，也有赖于外部知识，无论是知识搜索、知识获取，还是知识吸收利用都需要技术经理人的支持。在商业化阶段中，技术经理人不仅参与知识资源的搜索和整合，以破解企业本地搜索的难题，也参与到构建知识管理惯例的流程，提高企业市场进入和获利能力。

案例分析

【案例简介】

2018年7月，上海交通大学医学院附属第九人民医院（以下简称“第九人民医院”）李青峰教授团队的“脂肪干细胞及其衍生物在皮肤治疗领域的临床应用方法与技术”成果，以独家许可的方式授权中合华浦（北京）基金管理有限公司（简称“中合华浦”）实施转化，转化金额高达1.2亿元，创下第九人民医院历史上医生职务科技成果转化金额最高纪录。根据转化协议，将由中合华浦或其指定的出资方在上海注册成立一家新的生物医药公司，与李青峰干细胞项目团队独家合作。项目按阶段投资1.2亿元，前期支付第九人民医院许可费1 000万元，待产品成功上市后，产品销售额的3%还将作为转化后期收益给予医院。

该项目立项以来，科研团队坚持以市场需求为导向，经过十余年潜心研究，提出并建立了“干细胞移植辅助的皮肤牵张超量再生技术和方法”以及“干细胞辅助皮片移植技术”，在脂肪干细胞及衍生物用于皮肤相关治疗上取得突破进展，成果可应用于皮肤再生、生长、愈合、移植等整形美容领域，商业价值巨大。在该成果转化过程中，院方以院长吴皓为代表的成果转化部门给予了该项目转化以全面的支持，对该成果的转化发挥了重要作用。

【角色分析】

科研人员代表李青峰，技术经理人角色扮演者是以吴皓为代表的院方成果转化公共服务平台。其中，吴皓作为第九人民医院院长，长期致力于学科领域研究一线，2018年获国家科技进步奖二等奖（排名第1），对科研成果的转化成熟度具有深刻的认知；同时具备丰富的科技成果转化成功经验。在该项目转化过程中积极参与，努力协调院方资源，组织外部服务机构对该项目进行辅导推进，代表成果持有方同技术需求方进行商务谈判，最终推动了该项目的成功转化。

【技术经理人职能分析】

1. 技术识别：作为院长的吴皓，不仅具有丰富的科研管理和成果转化经验，更因为其多年来在科研一线的耕耘不辍，也正是因为这种专业精神，使其保持了对关键技术的敏锐；对成果转化重要性和可行性的辨识能力；对该成果的意义和价值深刻的理解，最终给予该项目全面的支持。

2. 制度建设：近年来，第九人民医院不断加强临床成果转化制度建设。2017 年，吴皓作为院长牵头制定了第九人民医院科技成果转化管理办法——《上海交通大学医学院附属第九人民医院职务科技成果转化管理办法（试行）》，对科技成果的确权、转化方案的制定、成果评估和定价、转化收益分配、转化方案的落实管理等进行了明确规定。随着管理办法的颁布实施，一系列科技成果转化难题迎刃而解。该项目是管理办法发文以后签署的第一个转化协议，制度建设的作用功不可没。

3. 人才队伍建设：为真正实现科技成果转化，以吴皓为代表的院方公共服务平台积极引进相应人才，包括从全球引进的生物材料、药物研发、工程技术人员以及服务成果转化的产业谈判专家，他们分散进入各平台，为全院医务人员服务。人才队伍的建设在该项目的成果研发、资源对接、成本核算、商业价值评估和商务谈判等关键环节中发挥了重要作用。

4. 服务体系建设：吴皓发现，依靠一个学科单打独斗搞转化的时代已经过去，医院要推进重大临床科技成果转化，首先需要建立一个公共服务平台，打造多方合作的成果转化服务体系。尤其是商务谈判环节，最终价格的形成往往需要技术供需双方在服务团队和机构的配套支持下经历一个漫长的沟通斡旋过程，需要根据科技成果评估价格、项目前期经费投入成本以及该技术市场前景等进行综合考量。这些步骤仅仅依靠科研人员的努力很难实现，为此院方将专业的成果转化服务机构纳入转化体系中来，打造出研发团队、院方服务平台、法务、财务和评估机构多方合作的转化模式，最终与中合华浦（北京）基金管理有限公司多次协商与谈判，形成该交易价格。

第4章 技术经理人的专业知识素养与职业能力要求

内容要点：作为新时代创新驱动发展战略背景下国家亟需的高端复合型专业化人才，技术经理人从业需要具备六类专业常识知识和五项关键核心能力。

技术经理人是新时代创新驱动发展战略背景下国家亟需的高端复合型专业化人才，技术经理人要实现全程参与科技成果转化和科技成果的经营管理，需要具备必要的知识素养和职业能力。

技术经理人经营管理的对象是科技成果转化中的科技成果。技术经理人既要懂科技成果的技术含量，又要懂市场经营，更要具有协同合作的精神；他们是一群素质全面的高级管理人才，既要对市场有深刻理解，也要对成果和资金的对接过程有很高的领悟力，还要有强大的战略策划能力；他们能够对项目进行包装、推销和实时跟踪，推进项目最终取得成功。

技术经理人不仅要掌握基本的专业学科知识，还要对所负责的特定专业技术领域熟悉、精通；他们只有对技术的研究开发、试验、试制和规模生产的全过程有一定程度的了解，才能够提供深层次的技术转移专业服务。与此同时，技术经理人还要了解并掌握拥有相关科研成果教授、专家的情况；关注学术前沿科研成果，在相关的学术领域具有广泛的人脉关系；能够关注相关研究领域中具有产业转化潜力的成果，能够挖掘有潜力的青年人才。由于科研成果转化最终要参与到市场经济中，所以技术经理人必须了解经济学的基本知识，并掌握与自己从事业务相关的金融、财会、统计和管理等方面的知识。为了更好地了解企业的需求、促进企业购买技术，技术经理人必须要熟悉该技术用于生产的全过程，包括产品质量、工艺标准及管理情况。

优秀的技术经理人能够很好地洞察科研成果的市场发展前景，及时提供对接服务。这就要求他们既要熟知企业需求和市场需求，又要掌握第一手的科研信息和供给信息;既能将高校的科技成果向合适的投资商或企业宣传推介,也能将市场最新的需求信息迅速反馈到高校,为高校的技术开发方向提供市场建议。一方面,技术经理人需要及时将高校科技成果与市场需求进行匹配和对接,促成科技成果资本化;另一方面,技术经理人要对企业的需求能够进行有效判断,准确找到企业愿意进行科研合作的愿景,使企业在成果转化过程中获得利益满足。市场是科研成果转化成功与否的最终试金石,蕴含在市场需求中的经济利益是其形成最直接、最根本的外部动力。

边界确定的能力是技术经理人的核心价值,是一个经验积累的过程。科技成果转化的过程并非一帆风顺,为了保证整体利益目标的实现,在推进过程中,技术经理人既要能够游说各方扩大或缩减自我利益目标,力求保证各方利益,又能控制好各方利益诉求的边界,确定各方协同的边界;尤其是在动态化的过程中,随着科技成果转化的不断推进来确定好各方利益的边界。

因此,科技成果转化政策知识、科技金融知识、创新创业知识、成果与创新主体知识、知识产权知识、技术市场与交易知识等,是技术经理人从业需要具备的常识知识。战略思维与商业洞察能力、技术识别能力、资源整合利用能力、沟通合作与影响能力、团队领导与管理能力等,是技术经理人从业需要具备的关键核心能力。

4.1 技术经理人的专业知识素养

技术经理人全程参与科技成果转化工作需要具备六类专业常识知识,包括.(1)科技成果转化法律政策知识。科技成果转化法律政策是国家科技成果转化工作体系的支撑保障,技术经理人需要了解科技成果转化政策以及相关的科技创新政策、产业发展政策、科技金融政策和区域创新政策等。(2)成果与创新主体知识。科技成果转化拥有自身规律,技术经理人需要了解科技成果转化的过程规律、价值管理和运营机制,需要了解科技工作者群体的工作性质、工作规律和发展诉求等。(3)知识产权知识。知识产权是科技成果转化的重要保障,技术经理人需要了解国内外相关的知识产权保护与知识产权运营的相关知识。(4)技术市场与交易知识。技术市场是科技成果转化工作体系基础架构的重要组成部分,技术交易是科技成果转化的重要实现方式,技术经理人需要了解国内外的技术市场体系,了解技术交易的商务策划、交易规则、营销谈判、合同订立和交易管理等。(5)科技金融知识。科技金融是科技成果转化的重要支撑,技术经理人需要了解与科技成果转化相关的科技金融体系、金融工具、融资策略和融资方式等知识,包括创业融资、资本市场的股权债券融资和银行金融机构的间接融资等。(6)创新创业知识。创新创业是科技成果转化的重要通道,技术经理人需要了解与技术创业和新企业创立的政策、程序、财税和法务等相关知识,并了解孵化器、众创空间、加速器和大学科技园等创业孵化载体。

4.1.1 科技成果转化法律政策知识

科技成果转化法律政策是国家科技成果转化工作体系的支撑保障,技术经理人要对科技成果转化相关的法律法规,中央和地方各级政府以及相关部委围绕科技成果转化出台的相关配套政策文件理解透彻,并善于同政府部门打交道。目前,我国经济建设仍有一部分还处在依靠重复建设的粗放式扩张中,企业、高校、科研院所对科技创新的有效需求相对不足,并且我国的市场经济尚在发展之中,市场机制的建立仍需一个过程,所以仅仅依靠市场需求来推动科技成果转化难度相当大。政府出台的相关政策对于推动科研成果有效转化起到了非常重要的作用。技术经理人了解和运用科技成果转化的相关法律政策知识,对推动和实现科技成果转化工作具有重要的作用。

4.1.2 成果与创新主体知识

技术经理人经营管理的对象是科技成果转化中的科技成果,因此技术经理人需要了解科学研究和科技创新的规律以及科技成果的创造过程。在自然科学中,科学与技术是两个层面。其中,科学又分为基础研究和应用研究,基础研究不直接以应用为目的,但它是可持续发展的动力保证,科技成果更广泛的应用前景是基础研究开辟的,而技术又分为开发性研究和直接指导生产的设计研究。这样在自然科学中就存在多个不同层次的研究，其应用性质是依次增强的。

从科学研究到科技成果商业化的整个过程，可分为研究、开发、商业化和产业化四个阶段。研究即科学研究，解决对未知领域的认识问题，研究的成果即科学发现，并无明确的应用目的；开发即技术开发，是为科学研究成果找到明确的应用目的，其过程仍是探索性的；商业化即产品开发，即将科技成果转化为具体的产品，为消费者服务；产业化即工艺开发和商业模式开发，为客户提供质优价廉的商品。

从研究、开发、商业化到产业化的各个阶段，其过渡不是一帆风顺的，而是要经历许多波折，跨越许多障碍。从科学研究到技术开发转化所经历的障碍常被称为“魔川”，是由技术的不确定性造成的。这就要求研究人员进行大胆的探索、试错，以克服技术的不确定性。从开发到商业化的过程中，所经历的障碍叫“死亡谷”，这是因顾客的不确定性导致的。这就要求研发人员或者科技成果转化人员准确定义顾客的需求，即应当对顾客进行大量的调研，找到顾客的痛点、痒点。从商业化到产业化所经历的障碍被称为“达尔文海”，这是由市场竞争造成的，即优胜劣汰，关键在于能否找到合适的商业模式。在这一阶段，主要矛盾已经从技术转移到市场，这不仅要不断降低产品的单位成本，并提高产品的性能，即为顾客提供高性价比的质优价廉产品，还要注重商业模式开发。是否找到合适的商业模式是成败的关键。

科学家和科技工作者是科技成果的创造者，是从事科学技术研究、开发、应用、传播、维护和管理的主力军，也是推动科技进步、国家经济发展的重要力量。科技工作者的创新、创业活力受工作环境、生活条件、激励机制和人才政策等诸多因素影响，了解这些影响因素状况，对技术经理人与科技工作者交往合作，并开展科技成果转化工作具有重要的现实意义。

4.1.3 知识产权知识

知识产权制度是智力成果的所有者在一定期限内依法对其智力成果(如专利、著作权、非披露信息、拓扑图、植物新品种等及工商业性标记如商标、地理标志等)享有独占权，并受到保护的法律制度。知识产权制度不仅是一个国家或地区保护知识产权人利益的法律制度，而且也是一个国家或地区保护和激励创新，提高创新能力、产业竞争力与综合国力的重要激励机制、法律保障机制与利益平衡机制。随着知识经济的发展、新一轮科技革命的到来，知识产权制度的实施越来越具有战略性，并成为一个国家或地区开展国内外竞争的战略武器和法律机制。随着经济全球化的深化及国际竞争的加剧，知识产权日益受到各国重视。

国务院2008年发布的《国家知识产权战略纲要》确立了我国知识产权制度运行的基本格局，从国家战略层面谋划整个知识产权制度，以知识产权制度特有的激励创新和保护创新成果机制促进我国创新能力的提升。中共中央和国务院在2015年发布的《关于深化体制机制改革加快实施创新驱动发展战略的若干意见》中强调"要'营造激励创新的公平竞争环境''实施严格的知识产权保护制度'"。经过二十多年的建设和发展，我国目前已经建立起从立法到执法，从规划到政策的知识产权保护、运用及管理的完整体系。

了解国内外知识产权制度和知识产权相关知识，是技术经理人开展科技成果转化工作必要的知识素养基础。

4.1.4 技术市场与交易知识

国务院在1985年发布的《关于技术转让的暂行规定》中指出"在社会主义商品经济条件下，技术也是商品，单位、个人都可以不受地区、部门、经济形式的限制转让技术。国家决定广泛开放技术市场，繁荣技术贸易，以促进生产发展"。这首次正式明确了技术商品和技术市场的法律地位。同年，中共中央在《关于科学技术体制改革的决定》中进一步指出"技术市场是我国社会主义商品市场的重要组成部分，要促进科技成果的商品化，开拓技术市场，以适应社会主义商品经济的发展"。技术市场以法律的形式得以确认，技术市场的建立和发展为科技成果的转化创造了良好环境。

2001年中国加入世界贸易组织之后，我国技术市场得到了迅猛的发展，各地技术市场的法律法规逐渐完善，建立了较好的市场秩序，使得技术交易得到了基本保障。而伴随着互联网时代的到来和网络技术的普及，我国技术市场由实体阵地逐渐转向网络阵地，各地技术市场纷纷成立网上技术市场。网上技术市场是一种在线平台，企业、高校、研究机构及个人通过它能够沟通技术供求信息，促进科技要素合理组合，加快科技成果转化和应用。网上技术市场作为在现代互联网技术条件下产生的一种虚拟市场，使得技术市场这一主要以信息传递、交流、交换为基础的科技商品交易得到了新的发展，成为各国科技成果转化的一种新途径。

了解国内外技术市场和技术交易知识，是技术经理人从事科技成果转化工作必备的知识素养。

4.1.5 科技金融知识

科技创新需要资金的支持，合适的金融制度和金融工具可以在一定程度上规避科技创新中的各种风险和不确定因素。科技金融就是促进创新的各类金融制度、政策体系及其系统安排。它为科技创新提供了多层次的金融市场和多种融资工具，使得创新活动能够获得充裕的资金。最重要的是，科技金融工具的使用分担了创新活动风险，并且能够在最大程度上揭示市场信息。科技金融的工作目标是较明确的，从较低要求来看，是要为科技创新型企业提供必需的金融服务，核心是解决融资难的问题；从较高要求来看，科技金融是要借助金融创新，用市场化手段，带动各类生产要素向科技创新聚集，让科技创新成为具有比较优势的发展模式，为经济社会的转型升级提供源源不断的内生动力。

自 2014 年以来，在《中共中央关于全面深化改革若干重大问题的决定》的系统部署下，在创新驱动战略和供给侧结构性改革深入推进下，经济、财政、金融和科技等领域改革不断深入，国家层面定下产业链、创新链和资金链“三链”融合发展的基调，金融与科技、产业的融合发展迎来新的局面。在国家宏观政策调控和引导下，我国科技金融的发展已经由政策驱动、财政投入转向市场化驱动和社会资本驱动。以商业银行为代表的金融机构参与的深度和宽度不断拓展，科技银行及其科技贷款规模及品种、科技金融服务平台及运作模式等都有了突破性的进展，投贷联动运作模式也在政策设计和实践层面取得了双重突破；以全国中小企业股份转让系统和区域性股权交易市场为代表的多层次资本市场建设得到进一步完善。

伴随着经济社会的日益市场化和金融体系的不断发展和完善，我国科技金融已从最初的科技贷款发展成为囊括载体、私募股权投资/风险投资(PE/VC)、资本市场、银行、保险、租赁、信托、互联网金融、第三方服务以及相应的政府配套政策在内的、较完备的体系，它已基本具备为科技创新型企业提供必需金融服务的能力，基本形成了积极服务科技创新的氛围。

了解科技金融制度和科技金融工具，对技术经理人开展科技成果转化工作具有重要的意义，是技术经理人必备的知识素养基础。

4.1.6 创新创业知识

技术创新和技术创业是不同的知识领域，技术创业不同于技术创新，因为技术创业的情境是企业组织形成的过程，而在技术创新的情境中，企业组织已经存在。技术创业不同于一般创业，技术创业侧重于技术机会的开发，需要比一般创业具有更深厚的技术能力和管理能力。技术创业一般由具有STEM背景的工程师或科学家（团队）发起，面临着高度的技术和应用不确定性，有着更大的资本需求，但也具有更大的机会空间。了解技术创新创业知识，是技术经理人开展科技成果转化工作必备的知识素养基础。

4.2 技术经理人的职业能力要求

技术经理人全程参与科技成果转化工作，除了需要具备六类常识知识之外，还需要具备五项关键核心能力，包括：(1)战略思维与商业洞察能力，技术经理人应该能够对行业、市场、高新技术发展以及其中蕴含的商业机会，进行全局性和长远性地分析、综合、判断、预见和决策。(2)技术识别能力，技术经理人应该能够结合产业发展和市场需求，对专利技术的商业化价值进行分析和评估，进而识别和选取可用于转化的高价值技术。(3)资源整合利用能力，技术经理人应该能够根据目标和需求，对不同来源、层次、结构和内容的资源进行选择、配置和融合，进而利用这些资源实现科技成果成功转化。(4)沟通合作与影响能力，技术经理人应该能够根据环境、对象、任务、目标，进行恰如其分的有效沟通，从而构建良好的人际关系，进而推动长期信任与合作关系发展。(5)团队领导与管理能力，技术经理人应该能够根据项目任务构建团队，并运用规划、协调、决策、激励等管理手段，引导团队成员自觉地、高效地完成任务和实现目标。

4.2.1 战略思维与商业洞察能力

战略思维是以战略哲学为基础，围绕战略目标进行战略研究要具有的思维理念、思维活动、思维方式和思维能力的总称；包括战略认识论、价值论和方法论，是战略分析、战略决断、战略实施和战略评估的全过程。科技成果转化是新产品、新工艺等从产生到市场应用的全部过程；它包括初始设计与研发、投产制造与商业化扩散等一系列过程，是科技与经济一体化的过程。技术经理人的战略思维是指基于对科技成果转化全链条设计、一体化组织实施的认知信息，运用自身的知识体系和价值体系，建构出战略决策方案的全部过程。

技术经理人的使命是对科技成果的经营管理。科技成果的商业化运用需要技术经理人具备商业洞察能力。商业洞察是指对商业价值研究分析，其中包含对商业活动、行业、产业等商业因素的洞察。商业洞察的目的是对商业机会的识别。

商业机会是指市场经济环境中一定的时间内，在人们的参与下，出现（发现或者创造）某种未被满足的需求与通过努力满足这种需求并由此而给企业（或者个人）产生或带来效益的某种可能性（际遇）。这种需求可能是现实的，也可能是潜在的，并且发现（或创造）与满足这种需求，需要人们在主观上做出努力。至于产生或带来的效益则是指在一定的、相对短暂的时间内，获得高于社会平均资本利润的收益，其可能性一般要由众多因素与条件共同制约与促成。商业机会不同于一般的商业信息，对它的判断必须要包含着：需求存在与否、能否满足这种需求和能不能带来效益三个方面，而并非像商业或市场信息那样，仅仅是存在了某种需求的可能而已。

商业机会有五大来源，包括：解决问题、环境变化、创造发明、市场竞争和新模式与新技术的产生。人们生活中的尚未被满足或未被完全满足的需求、外界环境变化导致的消费观念的改变、新产品和新服务的周边产业、弥补竞争对手的不足、新技术的应用等均蕴含着各种商业机会。

影响商业机会识别的关键因素包括：机会识别的敏锐力、社会网络和企业家个人特质。机会识别敏锐力能够使企业家发现其他人不能察觉的商业机会，社会网络能够为企业提供各种各样的市场信息，企业家的先验知识、创业动机、认知学习能力、资源禀赋都对识别商业机会有重大影响。

常见的商业机会识别方法包括：市场调研、情报分析、问题导向和创新变革。对市场资料的收集梳理，对宏观和微观环境的系统分析，基于客户的建议而不断改进，新技术、新方法与市场需求的匹配均能够有效地识别市场机会。

4.2.2 技术识别能力

技术识别能力主要是指通过对专利价值的评估，识别高价值专利的能力。专利价值是指由市场决定的、为专利权人带来的（潜在的）经济回报。专利权赋予专利所有者对特定技术或过程在一定时间内拥有一定程度的垄断权，这种垄断收益可以通过两种方式来实现：第一，专利权人利用专利将其他厂商挤出产品市场，致产品价格上升，从而在产品市场获得超额利润；第二，专利权人进行技术授权或技术转让，在技术交易市场获得超额回报。

对于专利的价值，主要从法律、技术、经济和专利自身的视角对其进行界定和分析。从法律角度来看，专利是受法律规范保护的发明创造，它是指一项发明创造的所有者向国家审批机关提出专利申请，经依法审查合格后向专利申请人授予的在规定的时间内对该项发明创造享有的专有权。专利具有两个基本特性，即“公开”与“独占”，专利“独占性”给专利权人带来利益的独占，并以公开专利信息作为获得专利独占权的补偿，使得社会大众能够更加便捷地接触到专利，实现专利公共价值最大化。从技术角度来看，国外多采用技术创新度来考察专利的技术质量，将技术分为11级，分别是：已有技术（0级）、微变技术（1级）、新增附加技术（2级）、显变技术（3级）、对已知技术的修改技术（4级）、改进技术（5级）、新颖技术（6级）、新颖（7级）、创新技术（8级）、重大创新（9级）、技术突破（10级），专利技术级数越高意味着专利产出的质量越高，价值越大。

从经济学角度来看，专利不仅是技术成果的载体，同时也是一种非物质形态的无形商品。作为一种商品，专利具有经济价值和使用价值，经济价值由其技术含量决定，使用价值通过专利技术转化实现。专利是具有实用性的一种无形资产。实用性是指该专利能够制造或者使用，并且能够产生积极效果。能够制造或者使用是指专利能够在工业及其他行业的生产中大量制造，在应用于工业生产和日常生活中的同时产生积极效果。作为商品的使用价值就是专利的商业价值。使用价值是能够满足人们需求的物品的有用性，由商品自然属性决定，同种商品拥有不同的自然属性，不同主体对使用价值有不同解读。因此在实现专利商业价值的过程中，企业偏好于把技术转化为生产力，生产产品以获得市场收益，个人或高校则更倾向于直接将专利出售，获取专利转让费。

从专利自身的质量角度来看，专利自身质量直接影响专利价值，而专利质量受到专利申请文件的质量和专利授权率的影响。一方面，申请专利时除了要提供基本的专利名称、发明人姓名等基本的信息外，发明专利或实用新型专利还应该提供说明书、请求书、摘要及权利要求书，这些文件是证明专利具备新颖性、创造性、实用性的必要文件，其中权利要求书直接决定专利的保护范围，因此，专利申请文件质量的高低直接影响专利价值的大小。另一方面，专利授权的质量决定专利质量。专利授权率间接体现了一个国家授权专利的水平，当一国专利授权水平得到社会认可，相应的专利质量也得到肯定，说明专利更容易实现技术转化。另外，专利使用者的需求是否得到满足是决定专利价值高低的重要因素，同等条件下，更能满足使用者需求的专利，其专利价值越高，反之亦然。虽然专利价值可以从多方面进行界定和理解，但最终都归结于专利的技术价值和商业价值，只不过对不同的主体而言有不同的侧重点，高校、科研机构更注重于专利的技术价值，企业等则更关注专利的商业价值。

4.2.3 资源整合能力

资源整合能力是技术经理人对科技成果进行商业化经营的必备能力。资源整合这一理论的提出来自于企业管理，它作为战略调整的手段，是企业管理的日常活动。资源基础论认为资源是企业能力的来源。资源整合，就是要通过组织和协调，优化投资环境，合理地利用和科学有效地配置自然资源、资本资源、人力资源、信息资源、技术资源等生产要素资源，使他们的互相关联程度增强，从而达到优化配置状态。资源整合，资源是基础，整合是关键。它的实质是对资源的开发利用。资源的整合要求产生集聚的效果，取得“1＋1＞2”的最终效果。

资源拼凑与创新创业。从创业资源理论看，创新与创业活动是一种资源整合与转换的过程,通过资本资源、技术资源、人力资源等资源优化组合最终形成创新产品与创业企业。传统基础资源理论认为,创新主体或创业者利用异质性、有价值、不可替代的资源进行双创活动从而获得竞争优势,这些资源不仅包括物质、资本等有形资源,还包括人力、技术等无形资源。传统基础资源理论强调了双创活动的资源属性,并识别那些显著影响双创活动的资源类型。但双创主体往往遇到资源约束问题,资源约束下如何挖掘与利用资源成为双创的关键因素。在强资源约束和高度环境不确定性下,创业活动需要探索性、试错性、创新性的快速行动机制,需要采取一些独特而行之有效的策略来实施。创业资源交易理论强调,突破资源约束,创新主体或创业者可按照实现目标在社会上搜寻标准化资源,并通过相当的成本与条件换取所需资源,实现双创目的。

创业拼凑本质上是创业者创造性地利用手头资源来克服资源约束、进行价值创造的资源利用行为,是看待和收集资源的特别方式。创业拼凑的行为主体被称为拼凑者,他们是一类能工巧匠,倾向于使用手边的任何东西,并以一种有别于其原有用途的方式对资源加以利用。拼凑者的形象特征与专业的、严谨的"工程师"形象相比具有强烈反差。工程师是采用标准化资源或系统化方法解决问题的人,他们接受过特定领域内系统、规范、专业的教育,他们对于资源的知识是抽象的;他们依照事前计划行事,往往是设计者而非使用者。相对的,拼凑者是采用非标准化、非规范化方式解决问题或创造机会的人,他们往往多才多艺,掌握着广泛而多变的自学知识和技能,对手头资源的了解源于实践;他们的行为方式更倾向于事中即兴,形成资源库的主要原则是"将来可能会有用",行为结果则具有高度创新性,并对创新有高度的热情。与工程师不同,拼凑者扮演着设计者和使用者的双重角色,拼凑方案多是为了解决自身困境而产生的。

4.2.4 沟通合作与影响能力

在整个科技成果转化的链条中,技术人员、经营人员、投资人以及专利代理师、资产评估师、技术经纪人等多种角色相继出现并发挥相应作用,不同类型和角色人群的理念、出发点、利益点各具差异,如何把他们聚合在一起,发挥各自特长和优势,技术经理人的沟通合作与影响能力至关重要。此外,技术经理人对科技成果的商业化运营,还必须要具备相应的营销和谈判能力。

1. 沟通能力

沟通是发送者与接收者之间传递信息兼具情感交流的过程,沟通需要具备有效性。有效沟通不但是指信息从发送者顺利地传送到接受者,还应把包括接受者对信息准确无误的理解。

沟通是组织间合作行为中最为重要的影响因素,组织间的有效沟通,使得企业可以以更低的成本、更快的速度研发出适合市场和客户的新产品,并且可以降低新产品开发的风险。信息交流会提高组织能力,从而促进企业产品的创新。关系双方的沟通越有效,机会主义行为就会越少,就越有利于企业间知识的转移。组织间沟通有利于关键信息在网络内的分享和传递,并能展现出良好的组织间关系资本的潜在价值。

高质量的组织沟通有利于组织成员相互信任和尊重的形成,有利于知识、信息等资源的共享,进而有利于员工创新行为的产生。高质量的组织沟通首先能够促进知识、经验和信息的共享与整合,有利于员工相互学习,从而激发员工产生创新构想。首先,通过高质量的组织沟通,员工可以获得上级或同事的有益建议、反馈等,这些都会激发员工产生创新构想;其次,高质量的组织沟通有利于创新构想的执行,通过高质量的组织沟通,员工可以互通有无、交流思想,从而为其执行创新构想提供所需要的知识或信息,此外,高质量的沟通有利于员工获得上级和同事的信任和支持;在高质量的组织沟通环境下,信息的共享有助于激励员工更加主动和乐意地承担风险,并尝试新挑战。

2. 谈判能力

谈判在日常生活和职业生涯中必不可少。每当人们交换想法,想要改变关系,或者为了达成协议而协商时,他们就是在谈判。商务谈判是指经济领域内企业或经济体之间的相互沟通和理解,以满足对方的利益和自身的经济需求,通过相互沟通和了解,彼此间的经济关系得到改善,从双方的交易条件出发,互相交流妥协,达到交易目的的过程。商务谈判是谈判双方围绕商业话题,通过交流传达自己的意愿和需求;通过谈判,平衡彼此之间的利益需求,以便进行商业往来。商务谈判随着经济的发展,已经成为现代经济社会中不可缺少的一部分。

商务谈判具有如下特点:商务谈判主要发生在经济领域,通过各方的磋商，改善经济关系来满足双方的需求，因此谈判各方都是以自我的经济利益最大化来进行磋商，并且要平衡其他各方的经济利益，使利益保持均衡，以便为后续的商品贸易交往得以顺利进行。商务谈判整个过程是具有合作与冲突的，谈判各方一定是朝着互惠互利的方向进行努力，在谈判的过程中势必会发生合作与冲突，当各方面利益获得满足时，商务谈判过程便表现出合作性，当各方面利益不能达到满足时，商务谈判过程便会表现出冲突性。谈判过程肯定会存在文化差异、思维差异、价值观念差异、社会交往背景差异等各方面的不同，如果要保证商务谈判的顺利进行就必须考虑到对方与自己在各方面的差异。

3. 营销能力

市场营销是在创造、沟通、传递和交换产品中，为顾客、代理商、营销者以及整个社会带来经济价值的活动。在过去的几十年中，市场营销的内涵一直处于拓展和变化之中。这种拓展可以概括为如下几个方面：(1)营销主体的拓展：企业→一切面向市场的组织和个人。(2)营销客体的拓展：货物和劳务→货物、劳务和思想→价值。(3)营销对象的拓展：顾客→利益相关者。(4)营销方式的扩展：销售活动→4Ps→创造、传递价值和管理关系。(5)营销目标的拓展：通过扩大销售获得主体利益→通过满足需求获得主体利益→通过价值创造、传递及顾客关系管理使企业及其相关者受益，即实现所谓的"双赢"或"多赢"。

4. 市场营销伦理精神的变化

从"人仅仅是手段"向"人同时也是目的"转变。康德著名的"人是目的"命题揭示出人作为理性者存在，作为自在的道德主体，本身就是目的，具有绝对价值。"人是目的"的命题对营销理念的要求是：不应该只考虑交易是否成功而不考虑顾客的思想、利益和需要；在任何时候都应该以每个人应享有的全部尊敬和道德尊严来对待他们，包括把他们用作达到自己目的之手段时，也理应这样。

从"利己主义"到"己他两利"。企业对利润的追求也存在伦理境界的高低，由"利己主义"到"己他两利"是伦理境界的提升。20世纪70年代闪亮登场的社会营销观念实现了"己他两利"伦理境界的跃迁。社会营销强调的是，企业在满足消费者需求的同时能够最大限度地兼顾社会总体利益，使企业提供的产品与服务达到社会福利最大化。因此社会营销把企业、消费者、社会利益三者有机地结合起来。20 世纪 90 年代,关系营销观念的出现,关系的涵盖范围一开始只包括企业与客户、与上游企业、与竞争者、社会组织和政府间的关系,后来还延伸到企业内部关系、企业与整个社会的关系。由于关系营销顺应了"己他两利"的伦理诉求,谋求"最大多数人的最大利益",所以关系营销有助于发展并强化互惠互利的信任关系,实现企业的可持续发展。

从"趋利营销"到"义利合一"。获利是企业生存和发展的前提条件,但随着发展,企业市场营销理论逐渐从"趋利营销"向"义利合一"转变。

"产品(product)、价格(price)、渠道(place)、促销(promotion)"是传统的 4P 营销组合策略,后来又在 4P 营销组合策略的基础上增加了权力(power)和公共关系(public relations),演变为 6P 营销组合策略。20 世纪 70 年代,由于服务业的迅速发展,又出现了 7P 营销组合策略。7P 营销组合策略是在原 4P 营销组合策略基础上增加了人(people)、进程(process)和有形展示(physical evidence)。这里的人,是指与顾客打交道的企业人员,强调他们的技能、品质、性格、言谈举止对顾客的影响。这里的进程,是指产品和服务传递给顾客的过程,注重顾客的理解和认知过程。有形展示是指针对服务的无形特征,试图使服务有形化,让顾客在购买和消费前更有把握,注重顾客的参与感和安全感。7P 组合营销策略中新增加的 3 个要素都以顾客为核心,以顾客的所感、所虑、所惑出发,深入挖掘构成顾客价值的非实体因素,主张营销行为的适当性,注重消除购销双方信息的不对称性。

20 世纪 90 年代,劳特明的 4C 理论是以 4P 理论的挑战者角色出现的。它分别指 Customer(顾客)、Cost(成本)、Convenience(便利)和 Communication(沟通)。Customer(顾客)主要指顾客的需求,如果说 4P 理论的直接目标取向是如何用产品打动顾客的心,从而获取利润,其伦理意蕴仅仅是利益和行为的功利;而 4C 理论的直接目标是如何给顾客带来便利,满足顾客的需求,在实现顾客价值的同时,获取企业的利润,其伦理意蕴不仅仅是利益和功利,还包含正义、应当和行为本身的善。

4.2.5 团队领导与管理能力

团队领导与管理能力是指技术经理人对科技成果全链条管理、一体化组织实施所必备的能力。领导力被视为特质、行为、权力、艺术以及影响力等。领导力之所以重要，是因为它能帮助组织达成目标，从某种角度来说，组织目标是否达成是判断领导有效性的唯一标准。领导力不是孤立存在的，必须通过人际关系发生作用。因此，领导力可以被理解为通过关系管理来实现组织目标的过程。优秀的领导者就是有能力驾驭组织内外部的各种复杂关系，并且达成卓越的组织目标的人。

领导力存在于人与人的关系中。领导力可以拆分为五个维度：管理自己（Manage Yourself，MY）、管理上级（Manage Your Boss，MB）、管理下属（Manage Your Members，MM）、管理同事（Manage Your Colleagues，MC）和管理外部伙伴（Manage Your Partners，MP）。

管理自己（MY）是领导力的基础，它是领导者价值观、个性、能力、行为倾向的综合反映。管理下属（MM）是领导力的主要任务，它是激发团队完成组织目标的过程，领导——成员交换理论正是将领导者与下属的关系作为领导力的重点研究对象。管理上级（MB）是领导力的必要条件，它是团队成员与上级双向沟通、明确目标、获取资源等一系列过程。管理同事（MC）是领导力在组织内部的延伸，它是团队成员与同事形成建设性伙伴关系的过程。管理外部伙伴（MP）是领导力在组织外部的延伸，它是跨越组织、整合资源的过程。组织只有与外界发生交互，才能获得更多的优质资源，不断地迭代，并将价值观、产品与服务输出。因此实现组织目标需要依靠其他组织的协助，管理外部伙伴也就尤为重要。

案例分析

【案例简介】

基因组计划的实施和测序技术的快速发展，推动了以遗传变异为基础的个体化医学的基础研究和临床应用，而个体化医学必须是以个体的遗传信息为基础，个人的基因检测成为了实行个体化医学不可或缺的必然手段。中南大学周宏灏院士团队在“个体化医学基因检测技术”领域具有丰富的研究经验和大量的研究成果。

某企业有意获得“个体化医学基因检测技术”，通过第三方评价估值，开出了2.2亿元的价位。为此，中南大学高度重视，专门成立了成果转化工作小组，并聘请了一名律师担任该项目的法律顾问，先在两次校务会、两次校党委常委会上进行讨论，作为技术转移办公室主任的李昌友扮演起了谈判专家的角色。最终，针对该技术成果，中南大学周宏灏院士团队一次转让7件发明专利和40项应用技术，技术转让费达到2.2亿元，这充分说明了高校科技创新成果蕴含巨大的经济价值和社会价值。

【角色分析】

科研人员代表周宏灏院士，技术经理人角色扮演者李昌友，两者为同事关系。中南大学科研部技术转移办主任李昌友负责学校科技成果转化、横向科研、知识产权与产学研合作等管理工作，不断完善科技成果转化集体决策制度，根据科技成果转移转化价格，规范科学制定审核流程和要求，解除科研人员后顾之忧，并建立了一支具有丰富成果转化经验的成果转化谈判团队。

【技术经理人职能分析】

1. 制度保障

“象牙塔里的科研人员想转化成果，往往需要知识产权管理人员‘牵线搭桥’。但此前制度的不完善让管理人员担心出错，而不敢主动对接。”中南大学科研处处长李昌友介绍，科技成果转化工作难以量化，因而许多高校并没有对科研和知识产权管理人员予以相关工作考核，管理人员“无为而治”不会受罚，“主动出击”反而存在转化结果不尽如人意而需要担责的风险，从而怠于推动专利转化。李昌友介绍，中南大学出台了《知识产权管理办法》《科技成果出资入股流程暂行规定》《技术成果股权及权益分配规定》等制度，不断完善科技成果转化收益分配机制。在中南大学，建立起了符合科技成果转化工作特点的岗位管理、职称评定、考核评价和工资激励等方面制度，完善了科技成果转移转化工作流程，建立了科技成果转移转化公示制度，规定了通过协议定价的科技成果转移转化事项，均需在校园网公示15天。完善科技成果转化集体决策制度，根据科技成果转移转化价格，规范科学制定审核流程和要求，让管理人员有章可循，解除其后顾之忧。

2. 技术识别

科研成果转化部门在高校内颇为常见，但多数只是作为职能部门，负责行政审批、办理转让等手续。中南大学也是如此，一般的专利或小项目转化都是由教师自己谈，谈好了到科研部技术转移办公室办手续，但是在众多项目中，对于具有颠覆性技术和重大商业价值以及战略意义的项目，技术转移办公室团队则会主动出击。在李昌友带领下的技术转移工作团队，对外部市场需求以及校内研发团队科研成果具有极其敏锐的嗅觉，当外部企业前来寻求合作时，该团队及时对该项目情况进行判断，对其可能存在巨大的商业价值进行了分析和判断。

3. 专业化服务

技术转移办公室团队为项目团队在转化过程中提供“傻瓜式”服务，让老师不必陷于复杂的成果转化程序，以及“危机四伏”的商业谈判中。

对于该项目，学校高度重视，专门成立了成果转化工作小组，并聘请了一名律师担任该项目的法律顾问，先后在两次校务会、两次校党委常委会上进行讨论，作为技术转移办公室主任的李昌友扮演起了谈判专家的角色。最终，针对该技术成果，形成了明确的转让方案，与企业达成一致意见，一次性以 2.2 亿元的价格转让 7 件发明专利和 40 项应用技术。

实 务 篇

第 5 章　技术识别

内容要点：技术识别主要是指对技术价值的识别、评价与评估，这是技术经理人全程参与科技成果转化的基础性工作。科技成果转化中的技术包括专利技术和非专利技术，其中对高价值专利技术的识别和价值评估是技术经理人的重要工作内容。

技术识别主要是指对技术价值的识别、评价与评估。根据 2015 年修订的《促进科技成果转化法》，科技成果转化中的科技成果，是指通过科学研究与技术开发所产生的具有实用价值的成果，因此对技术价值的识别与评估是组织实施科技成果转化的基础性工作。科技成果转化中的技术包括专利技术和非专利技术，其中对高价值专利技术的识别和评估是技术经理人的重要工作内容。

5.1　专利技术识别与价值评估

对专利技术进行价值评估，主要是对高价值专利的识别。一般来说，高价值专利是在技术、市场和法律三个维度均具有高价值的专利。其中对专利价值的评估，例如市场价值和技术价值，均是从所属行业出发，而未考虑企业自身的实际情况。那么，站在企业的角度，什么样的专利才是高价值专利呢？对于每个公司来说，其对应的高价值专利对于行业来说可能并不具备“高价值”。例如业内的中小型公司，其产品定位于细分市场，该产品相关的核心专利市场价值可能通常不如行业内大公司的核心专利市场价值高，但是对于该公司来说，这些核心专利若能有效遏制其他竞争者的模仿和恶意竞争，为其发展壮大提供有力的市场保障和法律保障，其应属于该公司的高价值专利。因此，从某种意义来说，任何企业都可以拥有自己的高价值专利，能在商业运营层面对于本企业产生积极效果的专利，即为企业的高价值专利。

5.1.1 专利技术的整体评估和单项评估

按照专利评估的对象，可以分为整体评估和单项评估两种。其中，单项评估是指对单独一个专利进行价值分析。整体评估是指对包括核心专利在内的一组专利组合或者知识产权组合进行评估。这样的知识产权组合是指权利人既拥有核心专利，也掌握相关周边技术，这样所拥有的核心专利、商业秘密、专有试验结果、设备和产品设计等就能构成一组无形资产组合。权利人可就知识产权组合许可或者侵权获得收益。显然，随着技术的不断发展，包含核心专利的技术组合也越来越复杂，而专利作为技术组合的组成部分，单独评价专利为企业技术组合许可所获利益也变得越来越困难。因此，在专利技术的评估中，核心专利和专利技术组合为主要的评价对象。

5.1.2 专利的技术评估

专利具有专利技术的含义，专利说明书本身记载着技术方案的全部内容。而且专利说明书也按《审查指南》相关规定给出相应的背景技术等有用的技术信息。在进行专利评估时通过专利文献的检索和分析找出与专利技术价值相关的因素。使用专利信息技能如同族专利的检索确定被估专利的授权国家，以便于了解和掌握专利的地域和范围。在评价专利技术性能时，重点考察的主要参数包括：专利引用次数、专利族的寿命、保护范围、专利被引用次数、同族专利的情况、是否曾有过专利争议、权利要求的数量和专利应用情况等。其中，专利引用次数是重要的参数。通过专利的引用情况可以确定技术当前的影响、技术的生命周期等。此外，也有采用专利的引用率来分析专利的保护情况，专利被引用的频次越多，则专利的技术质量也越高。

评价专利技术的质量还应从技术的发展阶段和市场可能存在的时间，工业部门的区别，如电子行业的专利竞争远高于食品行业的竞争。此外，与此专利相关技术有多少、技术优势如何、如与以往存在技术比较的优势和技术的稳定性情况如何等，均需全面考虑。企业是否已经充分运用了专利策略来有效地保护专利，也是影响专利价值的一个重要因素。其中有些企业采用地毯式的专利申请策略，不仅申请专利保护核心技术，而且将相关的外围技术均全部申请专利。还有的企业采用篱笆策略、专利包围策略和网络策略等。权利人是否有意愿采取诉讼手段保护专利都会对专利的评估产生影响。此外，分析专利的技术价值应考虑专利技术被替代的可能性。这个因素主要从现存的竞争技术来分析所评估专利的价值。通常可以考虑技术的创新程度、技术规避的难易程度、存在的替代解决方式、替代技术的可行性等，市场上存在的非侵权替代品的范围，也是一个考虑的因素。

5.1.3 专利的法律评估

与专利技术质量评价不同，专利的法律评价更关注专利权的稳定性。专利权的保护范围是由其权利要求书的内容限定的。专利权利要求实际上记载了专利所要保护的由技术特征构成的技术方案。因此所谓的法律评价主要包括《中华人民共和国专利法》（简称《专利法》）对专利的权利稳定的评价要求。正如专利覆盖的范围，能否为诉讼做支撑。有大量的学者从专利的权利主体、权利客体、说明书撰写规范和权利要求书的各种《中华人民共和国专利法》《中华人民共和国专利法实施细则》《中华人民共和国审查指南》的要求出发分析专利的稳定性。但总体上专利稳定性分析是以权利要求为中心进行的。其中专利权稳定性的法律评价包括的主要指标为：新颖性、创造性、专利是否充分公开等一系列《专利法》上的要求。实际上还存在一种专利法律评价的特殊情形，即专利损害赔偿的评价。某些企业尤其是跨国公司提起专利侵权诉讼的目的并非获得损害和赔偿。有时可能是为了威慑竞争对手有时，甚至是为了强迫竞争对手与之协作。

5.1.4 专利的商业评估

专利不单纯是技术和权利要求保护范围的具体体现，也与企业的产品或者服务所获得的利润直接相关。尽管有些企业的损益表上很难直接看到专利所带来的利润，但专利作为企业竞争的有力工具，技术经理人还需要从市场和相对价值的角度理解专利，测试专利对产品和公司利润的贡献来评价专利。通常价值与预期或者将来的现金流有直接的关系，但是在特殊情况下，评价与企业直接相关的专利策略时与许可收入有时并不直接相关。

用于专利策略目的的专利价值是非常难以评估，不能确定企业因该策略所获得的具体收入，但是这并不意味着这一专利策略并没有价值。专利的价值可能体现于交叉许可后销售产品的利润中，但具体分析专利策略的收益非常复杂。市场法对于评价产品价值具有较大的参考价值。市场通常能够提供大量的财产价值的信息，但是如果是用于评价商业企业中用于创造财富的专利时，市场上获得的信息会非常分散，甚至在有些情况下并不存在有益的信息。通常情况下，评价一个商业机构的价值时，通常会分析细节的金融目标，并且产生模型预测将来的利润。这样的方法主要是基于分析产生能够支持的模型和逻辑，而不能直接从市场上获得相应的支持。

由于专利的定义是唯一的，除非专利评估之前存在该专利的销售或者许可等方面的市场交易信息，否则不能通过市场获得有益的信息。因此，专利价值必须依赖于预测和建立模型。无论采用何种评价模型和方法，确认专利现金流来分析专利价值源，对于有效的评价专利非常有益。通常可将专利价值源区分为：(1)利用专利技术提高专利权人产品的利润或者销售量，或者两者均增加。(2)将专利技术许可，通过获得许可费获得收益。(3)其他应用如与诉讼结合产生许可费等。区分以上情形后，即可按照价值源引入建立评估模型，并依据适当的评估方法进行专利价值分析。

以专利许可为例，通常情况下可以用专利评估的经验法评价专利许可的价值。例如25%原则，这一方法经过大量的实证研究，将被许可人的专利利润的25%作为许可费。但是这仅仅是评估的基础，在此基础上评估专家必须经过大量和细致的分析方能确认具体的、合理的许可费率。也可以应用蒙特卡洛法进行专利价值的评估，这一评估方法将专利收益过程视为随机过程。实际上模特卡洛法并不是专利评估的方法，仅仅是专利评估分析的工具，仍需要基于基本评估方法来确定评估模型。目前实物期权的方法也越来越多的应用于专利价值评估。

传统的评估方法和实物期权的评估方法评估时考虑的因素和数据是完全不同的。显然，根据不同的模型，需要评估人员收集和分析不同的参数或者影响因素。尽管传统的评估方法并不完全适用于专利评估，但是传统的评估方法，如成本法、市场法和收益法是非常成熟和有效的方法，在专利评估中常为评估者提供借鉴。美国专利实践强调专利的经济损害补偿，我国专利侵权的救济也是以实际损害为基础。但是损害赔偿与专利许可费的评估存在着一定的区别。许可费的评价更着重于被许可方预期的现金收益情况，而损害赔偿以侵权所致实际经济损害为基础。以合理的许可费为损害赔偿的计算方式时，也是基于侵权发生时的有意愿的许可方和被许可方的合理许可费为基础计算。因此，损害赔偿的评价与以被许可方预期收益为基础的许可费的评价存在一定的差异。

5.2 专利技术价值评估方法

专利和知识产权价值评估的传统方法通常有成本法、收益法和市场法，目前还产生了一些新的专利评估的方法，包括 25%准则法、产业标准法、实物期权法、竞争优势评估法、价值增量法、专利或专利组合的算术估价模型等。收益法、市场法和这些创新的方法更多的是在依据人们对于影响专利的各种因素的综合判断基础上，做出的专利价值的判断。

5.2.1 市场基准的专利价值评估方法

1. 成本法

成本法是指根据开发专利技术所需费用或者重置一项专利技术所需成本对专利价值进行评估的方法。成本法主要分为两种类型：历史成本法和重置成本法。使用历史成本法是指用历史成本，并按照合理的使用期限进行适当的折旧来评估资产，重置成本法是指按照现行条件，计算复制全新状态下待估资产所需的成本。

更新或复原重置成本，主要包括研发成本、交易成本和机会成本等。研发成本包括研发费用和产品成本两类，分属间接成本和直接成本，其中前者包括软件和无形资产的摊销，与研发活动直接相关的其他费用等。后者包括研发直接消耗的原材料费用，研发人员的劳务费，开发测试费用等。交易成本又称交易费用，是指与此交易过程中发生的全部费用，包含搜寻成本、信息成本、议价成本、监督成本，决策成本等。针对专利权资产而言，其机会成本是指放弃这项专利研发而选择其他专利研发所造成的损失，或者专利转让于其他持有者后其减少的市场盈利。有形损耗一般是针对有形资产，专利不存在有形损耗一说；无形损耗主要是由于技术的发展导致原有的技术相应的贬值。

成本法的基本计算公式可表示为：

专利价值＝重置成本－各项损耗

根据成本法公式，专利的价值主要取决于专利技术研发时所产生的各项有形损耗及无形损耗的价值，然而对于大量的专利而言，主要是智力劳动的投入，其成本和专利价值并不完全对等，成本法的专利价值评估结果可能与专利的真实价值偏差较大。

2. 市场法

市场法又称市场比较法，是指在相同环境的资本市场中，寻找与该专利权相似的参照资产，查看其近期销售价格或其他交易方式成交价，然后对两者之间的差异进行调整，将参照专利资产的成交价调整成待评估专利资产的评估价格。

市场法的评估比较直接、简便，适用于在专利市场上有较多相似之处的专利价值的评估。运用市场法的首要原则就是寻找一个类似的交易价格信息，确立可比较价格信息包括相关所属行业、地区分布、权利范围和支付条款等情况。这些信息在有形资产中是比较容易获得的，但是在专利交易中却是非常难得到的。收集类似交易价格之所以困难在于专利之间缺乏可比性，同时绝大多企业研发专利不是为了交易，因此，交易市场较少，可获得的同类专利的交易信息也就比较少。另外，专利一般都是具有高度的创造性，是唯一的，在市场上很难有比较对象。

3. 收益法

收益是指以估测被评估资产未来现金流为基础来进行专利资产的评估。收益法采用折现原理，首先预测待估专利资产投入市场后在其权利有效期内的收益现金流；然后根据必要报酬率将预期现金流折现为项目起始日的现值。收益法是应用最广泛的方法，同时也是比较方便的方法。

收益法基本公式：

$$V = \sum_{t=1}^{n} \frac{F_{\mathrm{t}}}{(1+r)^{t}}$$

其中，V＝专利权价值；n＝专利权剩余年限；t＝预期获利年限；r＝折现率；F_{t}＝被评估专利未来预期现金流。

收益法作为预测未来价值的一种重要方法，充分体现了专利为企业带来未来收益的特点，并且具有操作简单，原理易懂，结果相对精确等优点，这使得收益现值法成为现行专利评估实务中首选的方法。但是如何准确的估计专利到期日前各期内的现金流是收益法的最大难点。有些专利资产处于投入建设萌芽时期，或者在目前状态下还无法实现利润，难以形成现金回报，因而通过收益法进行定量分析预测现金流就会出现棘手的困难。此外，收益法单纯的关注现金流的预测，而对专利的其他情况视而不见，这会对专利价值的评估产生一定的影响。

4. 实物期权法

实物期权的提出归源于金融期权。金融期权是指以金融资产或者金融期货为标的一种合约，规定购买者缴纳一定期权费后，即可在将来某一时间以事先商定好的价格获得或者出让协议数量标的金融资产的权利。实物期权则吸取了金融期权的精髓，在企业进行投资战略决策时引入金融市场运行模式，期权的应用领域实现了转换。实物期权理论的提出让人们在项目投资领域找到了一个行之有效的、全新的实物资产评估方法，目前实物期权法已经成为解决含有不确定性因素项目评估的方法，在专利价值评估方面起着重要的作用，为项目投资决策提供重要的分析工具。

传统的专利权价值评估方法没有充分考虑到将专利权投入生产的特点。投资者生产出专利产品后，在有效时间很可能获得巨额利润，但在具体实施专利权的过程中也会遇到一定风险，比如市场风险和管理风险，这些风险便增大了利润数额的不确定性。因此在进行专利技术的生产决策之前，要对市场行情进行判断，当市场前景较好时应实施专利来生产产品，并将产品投放市场，反之，就暂不实施。如果企业不投资，产品专利近期也就不创造现金流，但仍有为企业创造价值的潜力。由此可见，只有在专利带来的预期现金流现值大于投资支出时，企业才可能使用这项专利，否则企业就会等待暂不实施。

因为专利权在有效期内的任何时间，投资者都可以进行投资，因此，专利可以看成是一个美式期权。专利权研究开发费用类似于期权的期权费,买入期权的执行价格即为专利成果投入使用所发生的投资,期权标的资产的价格等于专利所获得的预期未来收益的现值,期权的期限就是专利权剩余经济寿命周期。当市场前景较好时,投资者会选择投资专利,此时专利权的价值就是其净现值,而如果预期未来投资专利没有收益时,投资者就不进行投资,此时投资者的收益为零。

实物期权定价是建立在非套利均衡的基础上。其核心思想是:在确定最优投资策略和投资机会的价值时,投资者不应简单地使用效用函数或者主观的概率方法,理性的投资者应寻求使项目价值最大化的方法。

期权定价模型包含两种类别,分别是连续时间模型和离散时间模型,连续时间模型主要包括蒙特卡洛模拟法和解析法(B-S 期权定价模型和计算复合期权的 Geske 欧式复合期权定价模型)等,离散时间模型主要包括二项式模型和三叉树模型等。

5.2.2 非市场基准的专利价值评估方法

近年来,国内外广泛采用了非市场基准的方法来研究专利的价值。非市场基准的专利价值评估方法基本思路是:基于公共专利数据库中相关信息,应用实证研究方法分析不同信息与专利价值之间的关系。在此基础上,以专利价值影响因素为变量来构建专利价值评估模型。

1. 模糊综合评价法

模糊综合评价法是一种能够将主观定性因素实现定量化表达的综合评价方法,充分评估专家学者等多方的观点和定量统计指标,并通过数学模型实现主观评价定量化表达,最终将各类要素实现整体量化评价的方法。该方法是在分析专利价值影响因素的基础上,建立专利价值评估综合指标体系,并运用模糊评价的方法给被评价专利的每一个因素赋值,最后得到专利价值的综合评价结果。

模糊综合评价法是通过专家打分来对定性指标进行打分,以定量数据将其反映到构建的矩阵当中,在全面考虑各个指标权重值的基础上,再通过模糊评价矩阵与权重值的乘积,最终获得对应的评价结果。在此过程中,既强调参与者主观因素的影响,又凭借数学矩阵模型和良好的理论概念实现主观因素的定量化。该方法强调系统性与规范性,对于解决类似的非确定性问题有着很好的效果。

模糊综合评价法的优点是简单易理解，但是这种模糊综合评价法得到的结果不是以价值金额形式体现的，而往往是以专利价值度的概念体现，只能作为专利运营(转让、质押贷款、许可等)的参考，不能直接作为依据。

2. 计量经济模型方法

该方法一般以专利价值估计值作为因变量，以选取的专利价值影响因素作为自变量，选取与待评估专利同质的样本，运用历史数据进行多元回归分析，在此基础上建立专利价值的评估模型；然后，运用该模型进行专利价值评估计算。专利价值评估的计量经济模型方法也易于理解，但是也存在明显的缺陷：一方面，很难获取同质专利价值的大量样本，从而难以开展回归分析，影响模型的建立；另一方面，这类方法往往假设专利价值与影响因素之间呈线性关系，这种假设本身可能存在一定的局限性，从而影响到模型的准确性。

5.3 专利技术价值评估指标体系

广泛意义上的专利价值包含专利技术价值、专利法律价值和专利经济价值。专利的技术水平、法律保护是一项相对其他同领域的专利而言拥有竞争力的前提，专利技术的创新性强，专利的技术水平相对于同领域的技术而言处于领先地位，有利于相对其他竞争对手在该领域拥有强有力的竞争实力。专利的技术价值、法律价值是专利价值的重要组成部分，也是专利未来在市场应用的必要前提。专利的经济价值主要是体现在该项专利在生产中被应用或者是通过转让许可等方式带来的经济收益。专利的经济价值强调专利的市场行为、专利的运用。因此，专利的价值评估指标体系包括专利的技术类指标、法律类指标和市场潜力类指标。

5.3.1 专利的技术价值指标

专利的技术类指标主要包括技术的先进性和实用性。在此基础上，专利的技术类指标又可细分为技术生命周期、科学关联性、专利被引率、专利家族数和技术依赖性等。

1. 技术先进性

技术的先进性是指一项专利技术在所属的技术领域，在同一时间点上与其他技术相比处于领先地位。专利具有新颖性、创造性和实用性，因此，新型性和创造性在一定程度上影响专利的价值，新颖性和创造性越突出，专利的价值也越大。但专利在审查时，所要求新颖性以及创造性的标准较低，通常只要该发明的技术与现有技术不同即可判断为具备新颖性，与现有技术相比，只要满足不是相同的技术方案产生相同的技术效果即可认定为有创造性。显然这并不能较真实的反映技术的先进性。大量的研究表明专利的价值与专利的引证情况相关，专利引证情况包括专利被引和专利引用次数，专利被引的频次越高，说明该项专利在该技术领域的影响越大，专利的价值也就越高；专利引用其他专利或文献的次数越高，该项专利对当前的相关领域的研究越详细，专利的价值相应也越高。

2. 技术实用性

技术的实用性可以理解为技术的实际应用范围。专利的应用范围是指一项专利技术应用领域范围的大小。如果一项专利技术是基础型、开创型、原理型的，则其应用范围通常比较广泛，甚至在多个行业或技术领域中可以得到应用；相反，如果一项专利技术仅仅在某个领域中，解决某个具体或者特殊问题，说明该项技术具有针对性，其专利的应用范围比较窄。专利技术的应用范围较广，则该技术的需求就较大，其专利的价值也就相应提高。

3. 技术生命周期

技术生命周期是指一项专利技术的发展，包括萌芽、成长、成熟和衰退四个阶段。即使是同样的专利技术，在不同发展阶段其价值均有所不同。如果一项专利技术处于该技术的衰退期，那么即使该项技术具备技术专利的新颖性、创造性和其他技术特征，也可能由于得不到持久的应用而其专利价值相对较低。此外，有些领域的技术更新换代速度较快，其技术发展的各个阶段的时间也不尽相同，有的甚至会提前进入衰退期，同样对专利价值也会产生较大的影响。因此，专利的技术周期也是专利价值评估的一个重要考虑因素。

4. 科学关联性

科学关联性测算是专利所引证的科研学术论文或研究报告的数量,该指标衡量的是专利技术和前沿科学研究关系的密疏。专利通过引用科学文献可以帮助确定技术与科学之间的联系。一方面,专利审查员在研究某项申请是否能取得专利权时,往往要评估相关技术的现有水平,并引用专利或科学文献。对于某些技术领域,尤其是新兴领域,审查员引用的科学文献有助于追踪技术与科学之间的联系。另一方面,比较科研人员的专利申请与发明人的科学论文,可以说明产业界与大学的合作情况。研究人员的专利申请或发明人发表的科学论文常常是企业和大学研究机构合作研究的成果。基于这些数据的统计指标可以表明在哪些行业中技术与科学或企业与研究机构有密切联系和大量合作。但科学关联性与专利价值的相关性随行业而不同,在科技导向的领域,如医药和化学领域,该指标与专利价值显著相关,在传统产业,该指标与专利价值的相关性不显著。因此在评价专利的价值时,应根据行业而选用不同的指标。当然该指标的应用也受到专利制度的影响。

5. 专利被引率

专利被引率指标测算的是一个专利被在其后的专利申请所引用的次数。当一个专利多次被在其后申请的专利所引用,这就表明该项被引用的专利技术在该产业具有很重要的技术先进性。引证指标值具有产业依存性,现阶段发展活跃的产业,如电子类产业等的引证指标值相对较高。引证指标值可以从两个途径确认技术之间的联系:一个是新专利文献对老专利的引用,这种引用非常具体地体现了技术之间的联系;另外,一份专利文献的多个专利分类号则在较为综合的层次上体现了技术之间的联系。根据引用情况揭示的专利之间的联系,可以跟踪对应于不同技术的专利网络,发现处于不同技术交叉点上的专利。

6. 专利的家族数

专利族是指具有共同的优先权、内容相同或基本相同的一组专利文献,优先权是联系每组专利文献中的每一件专利说明书之间的媒介,专利族由至少一个共同的优先权联系的一组专利文献组成。虽然在国外专利申请费用要明显高于国内,但是为了使专利在其他国家或地区也享有专利权的保护，提高专利技术的保护力度，专利权人可以在不同国家或地区申请专利权，但是专利价值不会仅仅因为申请专利的国家数越多其价值就越大。研究表明，专利价值更多地取决于申请国家的发展水平而非国家申请的数量。一般而言，在发达国家申请的专利其价值就比科技发展水平较低国家申请专利的价值高。

7. 技术依赖性

就专利的技术因素来看，很多专利的技术是建立在原有的技术基础上来实现，或者是要结合其他技术共同完成该专利的技术，很显然，如果一项专利技术能独立运用，无需依赖其他技术方案，那么该项专利技术是独立的，其专利价值也就相对较高。因此，一项专利技术对其他技术的依赖程度越大，其价值也就越低。

5.3.2 专利的法律价值指标

专利的法律类指标主要包括专利的稳定性、独立性、不可规避性和侵权可诉性等。在此基础上又可细分为专利有效期、专利保护地域、专利权利要求数、专利诉讼和专利所处的法律状态等。

1. 专利稳定性

专利的稳定性是指一项被授权的专利在行使专利权的过程中被无效的可能性。被授权的专利有可能被竞争对手提出无效请求，该项专利有可能被全部无效或部分无效。专利如果被部分无效，则会缩小该项专利的保护范围；一项专利一旦被全部无效，则该项专利将不复存在，也就丧失了其经济价值。

2. 专利不可规避性

专利的不可规避性是指一项专利是否容易被他人在不侵权的情况下，通过规避该专利权设能够达到与本专利类似的技术效果，简单来说，就是权利要求的保护范围是否合适，是否有效地保护该发明专利的方案。如果他人对于一项专利不需要太多的创造性的劳动成果，就可以容易想到其他类似在该项权利要求保护范围之外的方案来实现本专利相类似的技术效果，则该项专利的可规避性较强，专利的技术价值就比较低。反之则专利的不可规避性较强，专利的价值就比较高。

3. 专利独立性

专利的独立性是指一项专利在未来的应用时，是否需要提前获得别的专利的许可，或者未来申请的专利是否要以该专利为基础。侵权可诉性是指在一项专利受到侵权时，是否能比较容易的评判，并取得证据，从而可以提起诉讼。

4. 专利有效期

专利的有效期一般是指一项授权专利从评估的时间点算起还有多长时间的法律保护期。但是一项专利往往达不到其法定期限就会被市场淘汰，从而该项专利的寿命即终止。因此，专利的有效期可以包含法定寿命和剩余经济寿命两个方面。专利在法定有效期内也包括认识期、接受期、成熟期以及衰退期。由于技术发展的日新月异，市场的不稳定性和不确定性，专利的经济有效期一般短于其法定有效期。因此，进行专利价值评估的时，通常考虑的是专利的剩余经济有效期的年限，而非法律年限。剩余经济有效期的年限越长，该项专利技术的价值也就越高。

5. 专利保护地域性

专利的地域性是指专利权人在本国申请专利权的专利，根据其所涉及产品市场扩展的需求，考虑其他国家也进行了专利权申请，也可成为多国申请。多国申请表明了专利权人对专利的重视，也加大了专利的保护力度。申请的国家越多，说明专利权人对该项专利越重视，间接地反映了该项专利的价值。显然，申请的国家越多，专利的价值也就越大。

6. 权利要求数量

权利要求是通过主权利要求以及从属权利要求来用于描述一项专利所具有的特征，并且通过各个权利要求具体的限定，来明确该专利需要保护的范围，也可以通过权利要求的保护范围来判断别的专利是否对该专利造成侵权。在评判一项专利的保护范围，可以去详细的分析一项专利的权利要求书，在评判大量专利时，统计权利要求数可以说是一个简单易行的方式。

7. 专利诉讼

除了利用专利说明书上的信息来测量专利的经济价值之外，也可以通过专利的某些外部状况来间接测量其价值，其中一个便是专利的诉讼情况，价值高的专利遭遇诉讼的可能性较大。因此，是否遭遇并成功通过诉讼是专利价值的重要反映。遭遇诉讼的可能性与专利权要求的数量呈正相关。诉讼专利往往比非诉讼专利会被更频繁的引用，同时其专利引用的水平与专利的经济价值之间具有相关性。

8. 专利所处的法律状态

专利的法律状态一般包括申请公开，实质审查以及授权三个状态，显然相比较而言，授权状态下的专利价值最高，申请公开的专利价值最低。另外，专利有许可权，专利权人可以将本专利许可他人使用或者经历侵权诉讼。发生许可或经历诉讼的专利一般是比较重要的专利，这会影响到专利的法律价值。当专利价值只是在部分授权的状态下，专利的稀缺性会影响专利的价值，并有提升专利价值的作用。

5.3.3 专利的商业价值指标

专利的主要商业价值指标包括专利技术的成本性能、产业前景、市场空间和保护性等。在此基础上又可细分为市场需求状况、市场占有率、市场竞争情况、市场化能力、行业的发展前景、专利许可转让状况和专利实施率等。

1. 市场需求状况

专利技术与商品的市场属性相类似，虽然市场有诸多的不确定性，但是该项专利的价值与其在市场上的专利相关的产品的供求量有较大的关系。专利技术的市场需求与专利技术的价值呈正相关系。此外，该项专利技术或其产生的专利产品在市场是的需求状态时求大于供，该项专利技术的价值也就越高；如果该项专利处于供大于求的状态，其价值就相应越低。

2. 市场占有率

专利的市场占有率是指一项专利技术经过市场推广后在市场占有的份额，一般这和替代专利技术的数量与互补技术情况相关。存在很大共性的专利即替代专利数量越多其本身专利的价值就越低。

3. 市场竞争情况

专利的竞争情况是指市场上是否存在与目标专利技术形成竞争关系

的竞争对手,以及对手的规模。企业在专利的研发过程中,企业的合作与竞争关系均对专利的共同研发产生影响。例如,通过考虑竞争对手的情况,会影响专利的投入成本。此外,竞争企业的经济实力也会影响到自身专利的经济价值。竞争对手的经济实力越强,该专利的经济价值就越低。

4. 市场化能力

专利的市场化能力是指专利转化为专利产品,进行市场推广的能力。专利越容易开发为专利产品,该项专利技术也就越容易进入市场。专利的市场化能力越强,专利技术的价值就越高。

5. 行业的发展前景

如今科技发展迅速,科学技术更新换代速度快,与其相对应行业渐渐被遗忘直至消失。有些专利技术在当前炙手可热,但是可能几年后将被其他专利技术代替而淘汰。当年的胶卷相机可谓风靡一时,但是随着数码相机的出现与发展,胶卷相机如今已全部被淘汰。因此,市场前景也是专利技术价值评估需要考虑的一个重要因素。

6. 专利许可和转让状况

专利许可和转让状况是指一项专利的专利权人对专利是否许可给他人使用,或者最初的专利权人是否把专利转让给他人,并且在专利存在的过程中是否存在诉讼的状况。对一项专利而言,如果在专利存在的过程中发生许可转让,说明该项专利的技术符合产业发展的需求,在实际生产中可能得到应用,充分发挥专利所拥有的价值,也为社会创造了价值。如果一项专利获得多次许可,说明该项专利的应用范围广泛,市场对该项技术有强烈的需求,专利的价值也越高。该指标可以体现一项专利未来在产业中应用的可能性。

7. 专利实施率

专利能否被有益地实施、能否带来科技创新,对于那些尚未实施的专利技术来说还是一个未知数。发明专利的实施一般都要经过一个开发过程,而开发并不都能成功,不少发明专利技术在开发过程中因技术难点无法突破或现有技术条件的限制而放弃开发。专利实施率可以通过技术性能、经济效益、社会效益、市场因素、产业化开发和生产能力、宏观环境以及产业化风险等多个角度对发明专利的实施进行衡量。专利实施率越高，则专利对于技术发展、技术创新做出的贡献越大，并与技术发展结合越紧密。

案例分析

【案例简介】

2010 年 1 月，在美国佛罗里达大学工作 4 年多时间的张学礼回国来到天津工业生物所工作，通过刻苦钻研，他在国际上率先实现全生物法 L-丙氨酸产业化，生产成本和能耗较传统工艺降低 42%以上，废水量降低 90%。经过研究所牵线搭桥，张学礼的研究成果成功地转让给了安徽一家公司，依靠该技术，该企业年销售额平均增幅达到 65%以上，迅速打败了日本味之素、德国巴斯夫等跨国大企业，市场占有率从 18%提升到 80%，成为世界上最大的丙氨酸供货商。截至 2017 年上半年，发酵法生产 L-丙氨酸为该企业带来新增收入 2.57 亿元，新增利润 6 353 万元，新增税收 1 140 万元，凭此核心技术，该企业带动形成了一个丙氨酸化工的全新产业链，企业也成功登陆新三板。随着该企业上市，张学礼也成为了研究所第一个“亿元教授”。

【角色分析】

张学礼，中国科学院天津工业生物技术研究所研究员，主要研究方向为应用微生物代谢工程及合成生物学技术构建高效微生物细胞工厂，生产大宗化学品和植物天然产物。

中国科学院天津产业技术创新与育成中心（简称“天津育成中心”），是中国科学院与天津市人民政府协议共建的转移转化单位，依托中国科学院天津工业生物技术研究所建设。天津育成中心打造了一支专业化的技术经理人团队，该团队围绕天津市经济社会发展的实际需求，以解决制约天津市重点产业领域发展的关键技术难题、培育战略性新兴产业为主要目标，通过政府引导、统筹协调和市场机制，充分发挥中科院在资源条件、人才储备与技术积累方面的优势，着力推进生物医药、现代农业、先进制造和新能源新材料等战略性新兴产业重大科技成果的转移转化。

【技术经理人职能分析】

1. 政策保障

早在2013年，成立不足2年的天津工业生物所就制定了《成果转移转化管理暂行办法》，在中科院院属单位中率先实现将成果转让总收入的49%奖励给成果主要完成人。随后，研究所又进一步改革和创新了科研经费使用和管理方式，不断提高成果转化收入，并以现金收入加股权期权的方式进一步加大对科研人员的激励。

2. 专业化服务

在研究所，科学家们只需确立研究方向和课题，专注研究快速拿出科研成果。成果转化方面，我们成立了产业合作部，有专业化团队来帮助实现成果转化。从联系企业，洽谈股权到资金数额等竞争性谈判全都由专业化团队提供专业的、一条龙式服务，科学家只需在最终的转化协议签字即可。

3. 需求牵引

天津工业生物所对科研人员的考核评价，很早就不再以发表论文数量为考核指标，而是把社会贡献度作为评价科研人员的主要指标，关键看对国家、地方、科技发展做出的贡献有多大，在科学界和产业界形成的影响有多大。正是这种主动求变，让天津工业生物所的科研项目在起步阶段就瞄准了国家需求和社会急需。

课题设置"有的放矢"，成果转化的渠道也变得顺畅高效。目前，天津工业生物所的专利有效转化率达到33%，每件专利许可费平均超过864万元，累计成果转化合同交易额总计6.57亿元。管理和政策创新也实现了"一举三得"：激发了科研人员的创新创业热情；科研成果有效地转化成了生产力；科学家也将自身的"智力财富"成功转化为现实财富。

第6章 技术运营

内容要点：对科技创新的技术成果进行知识产权保护并对知识产权进行商业化运营是技术经理人从事科技成果转化的核心工作。对技术知识产权的商业化运营包括资本化运营和商品化运营。资本化运营是将知识产权从产品要素转化为投资要素，并对其进行价值评估，将知识产权作为一种要素投入，参与生产与经营过程，并量化为资本及价值增值的过程。商品化运营是指知识产权权利人以获取一定报酬为目的，将相关知识产权权能通过转让、许可使用的方式处分给另一方的过程。

对科技成果进行经营管理是技术经理人的使命，技术和知识产权是科技成果的表现形式，因此，对技术知识产权进行经营是技术经理人从事科技成果转化工作最核心的工作。

6.1 技术熟化

科技成果本身的成熟度问题是制约科技成果转移转化的最重要因素之一。相当一部分已经结题的科研项目形成的“成果”，在先进性、实用性、成熟性和商业价值性（经济性）方面很难同时具备，从某种意义上来说，这些“成果”并不是真正意义上的成果。在这一阶段的许多“成果”存在技术进步小、技术参数不稳定和不能直接转化等现象，没有达到可以向生产转化的成熟度，难以真正应用到生产中去。因此，促进科技成果熟化，并提高成果供给质量，是加速科技成果转化的重要途径之一。

6.1.1 科技成果成熟度及其评价

科技成果熟化的测评指标是科技成果成熟度。科技成果成熟度（也称为技术成熟度）是综合反映科技成果的技术实用性程度、在技术生命周期中所处的位置，以及实施该成果的工艺流程与所需配套资源的完善程度等，也是反映某个具体系统或项目中的技术所处的发展状态，以及该技术对于达到、实现该系统、项目预期目标的满足程度。

科技成果成熟度可以从五个维度考虑：

(1) 实用性程度，实用性是衡量科技成果成熟度的一个重要指标。

(2) 技术生命周期，任何技术都有起步、成长、成熟和衰退四个阶段。起步阶段是指一项技术的诞生或最初发明，此时还不知道该技术有何用途，即还不道该技术的实用性。到了成长阶段，该技术被先知先觉的企业家或创业者转化为产品，但此时因技术自身或者配套技术、工艺流程等不完善，导致产品还不完善，同时因市场不成熟，竞争者较少，产品价格较高。技术进一步发展到成熟阶段，此时技术已经普及，可能已过专利保护期，大量公司涌入，引发价格战，利润率大幅降低。到了衰退阶段，该技术已经十分成熟，创新空间狭小，并被新技术所取代。处在技术生命周期的不同位置反映了技术的成熟度，换句话说，技术成熟度也可用技术生命周期来标度。

(3) 工艺流程的完善程度，到了工艺流程阶段，表明产品的样品已经研制出来了，随着工艺流程的完善，产品的性能、品质、成熟度、规模化水平不断提高，单位生产成本不断下降，性价比不断提高，技术已经达到比较高的成熟度了。

(4) 配套资源的完善程度，技术成熟度涉及相关配套资源的完善程度，包括原材料、生产工具与设备、零部件、外协加工、代理商或经销商等渠道。配套资源越完善，技术成熟度越高。

(5) 技术发展状态，包括科研项目立项、研发、产品研制和工艺开发等情况，有多少人从事该技术研究等，就反映该项技术研发的热门情况。

对科技成果进行成熟度评价，从不同的角度看，其价值有所不同。从投资的角度来看，对某一科技成果进行成熟度评价，评价结果可用于对该成果的取舍，或者用于对该成果做出价值判断，或者判断转化该成果还需投入多少资源，离预期目标仍有多远等。从研发的角度来看，对某一科技成果进行成熟度评价，评价结果可用于改进研究开发，调整研发的计划进度和资源配置，修改预算等，进而不断提高其成熟度，并以研制关键技术。从监督的角度来看，对科技成果做出成熟度评价，可判断该成果的研究开发是否按照预订的研发进度进行;是否达到预期目标;离预期目标还有多远等,可为改进研究开发路线、调整经费预算提供依据,达到降低研发风险的目的。从技术评估者角度来看,评价结果是科技成果价值评估的重要依据,因为科技成果成熟度与其价值密切相关,成熟度越高,其价值则越大,反之则越小。从科技服务机构的角度来看,通过科技成果成熟度评价,判断科技成果所处状态,转化该成果所应具备的条件,还需投入哪些要素资源,进而找到服务的切入点,是向委托方提出相关建议的重要参考依据。

6.1.2 概念验证与技术熟化

从发明到创新是一项冗长、复杂的系统工程,涉及政府部门、大学自身的平台、技术转化办公室、风险投资、天使投资和科研人员个人等不同主体。研究人员与企业经理人之间常常因教育背景、行为目的等不同而出现沟通缺口;市场客户群之间常常因对待新技术产品的态度不同而出现市场缺口;风险投资商总是寻求回报率足够高从而担保其商业风险的投资机会,导致初创企业的风险资本更加难以获得。

一旦大学科学家(研究人员)向大学技术转化办公室披露自己的研发成果,那么要使这些成果成功地走向市场,则要受到多重因素的影响,并存在种种障碍。其中,大学与企业之间的联系与互动、对大学研究人员的有效奖励、大学研究人员本身具有的社会网络关系及其相关的商业技能、政府部门的有效管理和规制,以及发达的资本市场和融资体系(如风险投资和天使投资)等方面的因素对科技成果顺利商业化至关重要。一旦这些领域出现相关的信息不对称或某个环节出现脱离,如大学研究人员市场经验匮乏、大学没有推行促进科研成果商业化的有效激励政策等,就会导致科研成果难以顺利转化。

在这样的背景下,概念验证应运而生。所谓概念验证,就是对大学科研成果转化的规划和设计过程,在规划和设计过程中,通过对大学科研转化过程中的创新思路、发明成果、技术要求和市场潜力进行分析,进而确定其市场可行性。而概念验证中心则是一种在大学之内运作、帮助大学促进科研成果转化的新组织模式。它通过提供点火资金、商业咨询、创业指导和创业讲座论坛等对概念证明活动进行个性化支持,主要帮助解决大学科研成果与可市场化成果之间的间隙，是填平基础研究与产品开发之间死亡之谷的创新性服务机构。

概念验证中心主要与大学技术转化办公室进行通力合作，通过加速已申请专利的科技进入市场，从而对大学技术转化办公室的工作起到补充作用。概念验证中心与传统孵化器的不同之处在于：第一，在孵化器进行的研发活动通常与大学隔离，而概念验证中心则允许受资助的教师和学生在大学实验室开展研发活动；第二，孵化器通常给已有产品的初创企业提供种子基金或分享工作环境，而概念验证中心则评估来自研究产品的商业价值，并且为科研成果吸引风险投资等其他融资资金铺路。

6.2 技术保护

知识产权制度是智力成果的所有者在一定期限内依法对其智力成果享有独占权，并受到保护的法律制度。申请知识产权是对技术成果进行保护的最主要方式。技术的知识产权保护分为专利保护和非专利保护，对技术进行专利保护是技术运营的首要基础。专利导航和专利布局是对技术进行专利保护的重要手段。

6.2.1 专利导航

专利导航，以专利信息资源利用和专利分析为基础，把专利运用嵌入产业技术创新、产品创新、组织创新和商业模式创新之中，是引导和支撑产业科学发展的一项探索性工作。专利导航的主要目的是探索建立专利信息分析与产业运行决策深度融合、专利创造与产业创新能力高度匹配、专利布局对产业竞争地位保障有力、专利价值实现对产业运行效益有效支撑的工作机制，推动产业的专利协同运用，培育形成专利导航产业发展新模式。

专利导航是在我国深化创新驱动发展中，基于产业发展和技术创新的需求，在充分运用专利信息资源方面总结出的一系列新理念、新机制、新方法和新模式。专利导航能够帮助提升知识产权治理能力，加快技术、人才和数据等要素的市场化配置，更好地服务于各级政府创新决策和市场主体创新活动，并加快构建现代产业体系，支撑高质量发展。

根据国家知识产权局2020年11月9日批准发布的《专利导航指南》(GB/T 39551—2020)，专利导航可细分为区域规划类专利导航、产业规划类专利导航、企业经营类专利导航(支撑企业投资并购、上市、技术创新、产品开发等经营活动决策的专利导航)、研发活动类专利导航(支撑研发立项评价、辅助研发过程决策的专利导航)、人才管理类专利导航(支撑人才遴选、人才评价等人才管理决策的专利导航)等。

区域规划类专利导航的目标是支撑区域规划决策，包括区域布局专利导航和区域创新质量评价专利导航。区域布局专利导航以专利数据为基础，通过区域资源及其匹配并分析，提出资源配置建议。区域创新质量评价专利导航以专利数据为基础，通过专利活动所表现的创新要素集聚、创新产出、创新效益等情况，以及专利活动与科技、企业、产业之间的匹配程度，综合评价区域创新质量。

产业规划类专利导航的目标是支撑产业创新发展规划决策，包括产业发展方向专利导航、区域产业发展定位专利导航和区域产业发展路径导航。产业发展方向专利导航是基于专利数据信息分析全球产业发展与专利布局的互动关系，寻求全球产业链中具有较强专利控制力的各类主体，并分析这些主体的相关活动，判断全球产业发展态势和方向。区域产业发展定位专利导航是基于专利数据信息分析该区域的产业发展历史和现状，通过将该区域的产业情况与全球及我国的产业发展总体情况进行对比，判断该区域的产业在全球和我国产业链中的定位。区域产业发展路径导航用于为该区域的产业发展提供具体路径指引，围绕产业结构优化的目标，结合该区域的产业专利布局结构，提出专利布局及专利运营的主要目标及路径。产业规划类专利导航围绕产业宏观层面的规划决策，为企业专利运营提供方向指引和平台环境。专利导航的内涵是要让各创新主体深刻认识到专利在产业创新发展中的重要作用，要将专利紧紧地同产业发展状态、发展规律、发展趋势深度地结合在一起。通过专利这一重要的技术创新载体来促进产业的持续创新，充分带动创新主体的能力提升；充分发挥产业资源的合理配置作用，以此来提升产业的整体竞争力以及国际化水平，最终实现产业的持续发展。

企业经营类专利导航的目标是支撑企业投资并购、上市、技术创新和产品开发等经营活动的决策，包括投资并购专利导航、投资并购对象评估专利导航、企业上市专利导航、技术合作开发专利导航、技术引进专利导航和企业产品开发专利导航。

(1) 投资并购专利导航以专利数据为基础，通过评价拟投资并购技术领域内技术拥有者的情况，从技术创新的角度为投资并购提供遴选目标对象的建议。

(2) 投资并购对象评估专利导航以专利数据为基础，通过评价投资并购对象的技术创新实力和专利侵权风险，为投资并购决策提供建议。

(3) 企业上市专利导航以专利数据为基础，通过系统分析企业的专利及相关技术创新情况，评价创新实力，排查市场风险，并为企业上市提供建议。

(4) 技术合作开发专利导航以专利数据为基础，通过与企业、高校及科研组织等相关信息的关联分析，提出技术合作主题、遴选技术合作对象等建议。

(5) 技术引进专利导航以专利数据为基础，通过与产业、市场等信息的关联分析，提出待引进技术的持有人、可引进的具体技术、引进策略和风险防范等建议。

(6) 企业产品开发专利导航以专利数据为基础，通过与产业、市场和政策等信息的关联分析，并提出企业产品开发方向、技术研发路径及风险规避等建议。

研发活动类专利导航的目标是支撑研发立项评价、辅助研发过程决策，包括研发立项评价专利导航和研发过程辅助专利导航。研发立项评价专利导航是在研发立项前，以专利数据为基础，对研发立项的必要性和可行性等进行评价，防范潜在风险。研发过程辅助专利导航是在研发过程中，以专利数据为基础，对在研项目的技术研发情况及其技术竞争环境进行综合分析，并提出风险规避及技术方案优化的建议。

人才管理类专利导航的目标是支撑人才遴选、人才评价等人才管理决策，包括人才遴选专利导航和人才评价专利导航。人才遴选专利导航以专利数据为基础，挖掘能够匹配目标需求的人才。人才评价专利导航以专利数据为基础，对人才信息的真实性、人才与需求的匹配性、人才创新能力和人才使用风险等进行评价。

6.2.2 专利布局

专利布局有广义与狭义两个类别。对全部专利申请的数量、领域、覆盖的区域及年限、权利等进行的总体布局的行为可看作是广义的专利布局行为,它主要侧重于专利的数量、空间及时间的分布。而狭义的专利布局则是指企业在专利技术研发过程中针对知识和技术领域的布局,以形成有效排兵布阵的精细布局,侧重于专利所涉及知识领域的分布。企业的专利布局是指企业结合自身的企业愿景、战略规划及短期的经营目标,在考虑了相应的产业发展状况、市场整体竞争环境、技术发展轨迹和法律制度等众多的因素后,灵活运用各种专利手段,在技术领域、专利申请地域、申请时间、申请类型和申请数量等方面进行有针对性、策略性、前瞻性的规划和动态部署过程。实现专利价值和利益的最大化,并形成支撑和促进企业经营和发展、提升市场竞争力相对有利的专利保护网是其主要的目的。

专利布局是一种战略性行为,目前国内外专利布局的典型模式主要有:特定的阻绝与规避设计、策略型专利、地毯式专利布局、专利围墙、包绕式专利布局和组合式专利布局。

特定的阻绝与规避设计。特定的阻绝是指仅采用一个或个别专利来保护企业的专利技术成果,当竞争对手的专利数量较少、涵盖的技术范围较小时,可采用规避设计的方式,绕开竞争对手的专利保护范围,找出突破口,申请新的专利。这是最基本的专利布局模式,在实施时,可采用的具体措施包括:利用专利的侵权判定规则以改变原有的专利技术方案、只借鉴相应目标专利的发明原理等。该模式的适用面较广,一方面适用于技术能力相对低下的追赶型企业,通过规避设计既能实现对领先企业先进技术的"模仿",又不使自身陷入侵权诉讼纠纷;另一方面,该模式已成为大企业在国际化进程中避免落入专利陷阱的手段。特定的阻绝与规避设计的主要优点是从已有研究设计出发,大幅节省研发时间,容易很快取得研发成果,可最大程度规避侵权风险。主要缺点是:对于竞争对手来说,只申请一个或少数几个专利来保护研发成果,存在很大风险,对方规避设计的可能性大;对于企业自身来说,一味地规避设计不利于企业自主创新,对企业可持续发展有一定影响。

策略性专利，也即“阻塞策略”，是指所申请的专利具有较大的阻绝功效，几乎可以完全避免让其他的竞争对手有规避设计的机会，从而使专利保持较高的价值，有利于企业获得较大的竞争优势。该模式下所申请的专利特点是质量高、技术的阻碍性高、竞争对手规避设计的成本高。与有“绕不开的专利”之称的核心专利的概念有相通之处，像是某种特定的产品领域所必需的技术或是路障性专利。这种布局模式只适用于“大公司”，该类公司技术研发能力强大、资金雄厚，一般掌握着行业内的顶级技术。布局完成以上技术即形成了在行业中独特的竞争优势，其他企业规避设计的可能性小、成本大，若要使用该技术只能支付高昂的专利使用费或面临专利侵权诉讼。策略性专利的主要优点是：专利的阻绝功效大，竞争对手规避设计的可能性极小；形成企业的独特竞争优势和行业领先地位。主要缺点是：研发投入大，试错成本高，出成果的不确定性较大；对企业的要求非常高，适用范围有限。

地毯式专利布局是指系统地在一项技术的逐个研发步骤都申请专利技术保护，形成类似于地毯的技术领域全覆盖，从而最大限度地保护企业的技术研发成果，阻止竞争者入侵。该种布局专利申请量多，整体投入大，因此需要大量资金以及研发人员的配合，适用于“不计成本”的“大企业”。此外，企业还应有很强的专利管理能力，不断地淘汰大量的冗余专利，以节省专利的维护成本。地毯式专利布局的主要优点是：形成覆盖面广阔的竞争禁区和严密的技术保护范围，有利于保护企业各个研发步骤的成果；主要缺点是：专利申请和维护的成本较高，具体专利的布局十分讲究系统性，否则极易出现专利泛滥而无法发挥预期效果的情形。

专利围墙，又被称为“隔离策略”，是指针对某一技术申请系列式的专利，形成对核心技术全方位的保护，从而达到阻碍竞争对手研发的目的。这种模式适合在技术方案实施的环节中能产生大量自主研发成果的大企业。专利围墙的主要优点是：竞争对手规避设计的可能性小，有效保护企业的知识产权；竞争对手难以侵入企业的“地盘”，形成较多的专利运营机会。主要缺点是：对企业的要求非常高，适用范围有限，研发投入大，专利申请和维护成本高。

包绕式专利布局是指在基础的核心专利外围申请多个小专利。这些小专利本身价值性或不高，但其组合却可以阻碍竞争对手重要专利的有效商业应用。该模式有两种适用情境,一是基于他人核心专利进行包绕,适用于技术能力相对较弱的小企业。当竞争对手拥有基础型专利时,可以提前申请外围改进型小专利,以包绕式专利作为其交叉许可的筹码;二是围绕自身的基础核心专利形成自己的包绕式专利布局,避免让竞争对手采取该模式。包绕式专利布局的主要优点是:技术研发难度较低,投入较少;对于技术能力相对较弱的小企业,是取得专利交叉许可或者运营的好途径;对于自身拥有基础性专利的大企业,有利于形成牢固的专利防护网,阻挡其他企业进入。主要缺点是:有价值的外围专利寻找过程比较困难;时效性要求很高,必须在新技术刚出现时立即投入研发,优先抢占研发点位。

组合式专利布局,又称"专利组合",是指先构建出形如网状的专利组合,再利用组合中各个专利之间的相互关联关系,最终形成包含多个技术类别和专利类别的、技术保护范围更大,也更全面的"超级专利",即形成"1+1>2"的效果。这种布局模式的要求同样很高,需要企业同时拥有强大的技术研发和专利管理能力,因此也适合大型企业使用。组合式专利布局的主要优点是:有效整合企业内部的专利技术,形成强大的一揽子专利集合;有利于阻绝竞争对手的进入,形成行业领先地位。主要缺点是:对企业的要求很高,比如企业对行业新技术的预见能力、强大的技术研发能力和科学的专利组合管理能力等都有要求。

6.3 技术商业化运营

技术商业化运营是指技术申请知识产权保护之后对知识产权的商业化运营。知识产权商业化运营是对知识产权的资源、财产和权利特性加以利用,谋取竞争优势或赚取收益的活动。在此,资源利用是基础,权利运行是保障,财产经营是目的。资源利用和权利运行构成知识产权的竞争性运用,权利运行和财产经营构成知识产权运营。知识产权运营是通过知识产权转让许可、知识产权作价投资、生产销售知识产权产品及直接相关技术服务等实现知识产权直接经济收益的商业性运行和经营活动,也包括支撑获取直接经济收益的质押融资、托管和诉讼等间接活动。知识产权运营虽然离不开知识产权检索分析、质量管理、风险防范、价格评估和集中管理,但这些活动并不是运营本身,而是知识产权服务。

知识产权运营,源自科技成果转化,不仅是科技成果转化的重要内容,也是科技成果转化在新阶段的发展。知识产权运营政策,是科技成果转化的核心政策,是最有效的科技成果转化政策。我国1996年颁布、2015年修改的《促进科技成果转化法》明确规定的科技成果转化五种方式中,就包括了转让、许可、作价投资、自行实施或合作实施等主要知识产权运营模式。我国2016年颁布的《实施〈中华人民共和国促进科技成果转化法〉若干规定》和《科技成果转化行动方案》更是从体制机制和业务体系上对知识产权运营进行了规定或指导。但是,知识产权运营具有与科技成果转化不同的规律和特点,知识产权运营的本质就是知识产权资本化和知识产权的商品化。

6.3.1 资本化运营

知识产权资本化是指在充分重视并利用知识产权的基础上,将知识产权从产品要素转化为投资要素,并对其进行价值评估,将知识产权作为一种要素投入,参与生产与经营过程,并量化为资本及价值增值的过程。知识产权资本化是当今知识经济发展和经济全球化背景下,知识产权发展的必然方向,极大地丰富了知识产权的运用。通过知识产权资本化运作,一方面可以盘活企业存量资产,使企业资产保值、升值,并有效缓解企业融资困难;另一方面充分体现了科研人员、技术人士在经济发展中的个性,是知识产权与产业的联姻,因而是知识产权运用的高级形态,能够推动产业结构优化升级,促成企业核心竞争力,并实现科技服务经济社会的发展目标。

知识产权资本化,既是从智力资本和知识资本化概念中引申出来的一个崭新概念,也是在知识产权转化过程中与知识产权商品化和知识产权产业化同时形成的崭新概念。对知识产权资本化可以从三个角度来理解:一是知识产权资本化是将知识产权作为一种特殊的投资形式转化为产业资本;二是知识产权资本化是将知识产权作为投资方式,即把知识产权作为资本投入,投资各方把投入的知识产权进行估价,以资本形式占有企业的一定资金,与合营企业的其他投资相结合,技术投资方以股东身份占领更多市场，分享更高利润；三是知识产权资本化的过程是在承认部分职务知识产权的基础上，将职务知识产权的“无形价值”转化为“有形价值”，然后再将部分有形价值奖励或分配给职务发明人、设计人、作者和主要实施者，使之拥有股份、股权或出资比例，并分享其收益的整个过程。

知识产权资本化是有其先决条件的，资本化并非适用于所有的知识产权，某些知识产权不能或不具备资本化的价值，知识产权资本化要具备以下三个必要的条件。

(1) 知识产权的权利主体合法。知识产权的权利主体是知识产权的权利所有人，包括著作权人、专利权人、商标权人等。知识产权主体既可以是自然人，也可以是法人和非法人组织，甚至是国家。资本化的知识产权，其权利具有专有性和排他性，专有性体现为知识产权为权利人所独占，权利人垄断这种专有权利并受到严格保护，没有法律规定或未经权利人许可，任何人不得使用权利人的知识产品；排他性则主要是排斥非专有人对知识产品进行不法仿制、假冒或剽窃。拟资本化的知识产权的权利主体必须是合法的，既拥有对知识产权的合法所有权和处置权，同时权利主体本身应该具体、明确，不存在有关权利的争议与纠纷。

(2) 知识产权价值的可评估性。并不是所有的知识产权都能或者值得资本化的，知识产权资本化的必需条件是：知识产权的价值能够准确而切实可行地被评估，并且知识产权的价值在将来一定期间内具有获利的可能。知识产权价值评估是评估机构考虑相关因素并依据一定的计算方法对知识产权价值所作的评价、估计或预测。知识产权转让、许可、出资等各个环节均涉及如何衡量和确定其经济价值的问题。知识产权属于生产要素或经营性资产，其价值是通过对知识成果的利用而产生或预期产生的收益，因此，知识产权的价值由市场决定，知识产权价值评估的结论必须建立在对相关市场情况的分析和预测基础上。

(3) 知识产权具有未来获利的可能性。一项财产的价值等于它在未来带给其所有者的经济利益的现值。知识产权作为无形资产是不具有物质实体的经济资源，其价值由所有权形成的权益和未来收益所决定。知识产权资本化，就是知识产权价值和使用价值的实现及其收益分配的过程。知识产权权利人出资获得知识产权，将一定期限内的垄断优势转化为市场竞争优势，使知识产权权利人和相关企业都能共享超额的财产收益。因此，知识产权未来的获利性是其资本化的先决条件，知识产权资本化的目的是实现其资本收益的最大化，知识产权必须有获利的可能，否则知识产权虽然资本化了，却难以达到资本化的预期目的，并不能充分发挥知识产权的作用。这三个条件中，第二个条件，即知识产权的价值评估是实现知识产权资本化的最重要的条件。在知识产权资本化的经济活动中，如知识产权信托、证券化等筹资活动，知识产权许可、买卖、入股等投资活动，都离不开知识产权的价值评估。知识产权价值评估是一切知识产权活动运转的基础，是推动知识产权资本化的有效手段和工具。

6.3.2 商品化运营

知识产权商品化是知识产权转化为商品的过程，具体来说，是指知识产权权利人以获取一定报酬为目的，将相关知识产权权利通过转让、许可使用的方式处分给另一方的过程，合同双方按规定履行合同义务后，不再存在任何经济联系。

知识产权商品化与知识产权资本化相同的是，两者均是商品经济发展到一定阶段的产物，均以知识产权为载体，转化过程中均涉及权利的转移和利用。但是，知识产权的商品化与资本化也有明显的区别。

知识产权商品化与知识产权资本化存在的领域不同。知识产权商品化是流通领域的“商品”交易活动，通过交易，知识产权得以从研发领域进入生产领域；知识产权资本化是生产领域的投资及资本转化行为，知识产权需要在生产领域与其他资本要素结合才能转化为真正的资本。

知识产权商品化与知识产权资本化的权属变化不同。知识产权资本化和商品化均主要以知识产权转让和许可使用两种方式进行，以转让为例，在知识产权资本化过程中，知识产权出资方可能并未完全丧失对该项知识产权的所有权，当企业终止时，原权利人可依约分得该项知识产权，使其重新回到出资方手中；而在知识产权商品化过程中，权利归属必须发生转移。

知识产权商品化与知识产权资本化的利益分配机制不同。知识产权商品化过程中，知识产权转让方或许可方，能够直接获得出让或许可的对价，而知识产权资本化过程中，知识产权出资方只是获得相应的股权，以分享利润的方式取得长期的投资收益。

知识产权商品化与知识产权资本化承担的风险不同。知识产权商品化和资本化过程中均存在着技术风险、法律风险、生产风险和市场风险等,但在上述两种转化中,风险承担的主体都是不相同的。在知识产权商品化过程中,转让方主要承担技术开发风险,如果转让方的报酬与该技术成果使用后的预期收益挂钩时,还需承担一部分生产风险和市场风险,而受让方则承担全部风险;在知识产权资本化过程,以知识产权作为资本入股的一方,与以其他资本要素出资各方按其约定的股本份额共同承担各种风险。如果公司经营不好,出资人可能一无所获,如果公司破产,出资方还将面临将已出资的知识产权变卖偿债的风险。

案例分析

【案例简介】

以事前产权激励为核心,实施职务科技成果权属混合所有制改革,开辟科技成果快速转化的新路径。西南交通大学于2010年开始在科技园探索"职务科技成果混合所有制",将职务科技成果知识产权分割一部分给科研团队,将科技成果变成科技园和科研团队混合所有,进而成功地将杨其新教授团队"隧道及地下工程喷膜防水材料"项目以作价500万元入股成都嘉州新型防水材料公司的方式实施转化。2016年,《西南交通大学专利管理规定》(简称"西南交大九条")正式出台,在国内高校中率先实施职务科技成果混合所有制,使职务发明人首次拥有了职务科技成果的所有权,截至2019年10月,西南交通大学有205项职务科技成果完成知识产权分割确权,注册成立高科技创业公司24家,知识产权评估作价入股总价值超过1.3亿元,带动社会投资近8亿元。

【角色分析】

西南交通大学"职务科技成果混合所有制"设计者、国家大学科技园副总经理康凯宁在该校科技成果转化中扮演了技术经理人角色,在协助该校杨其新教授团队以科研成果"隧道及地下工程喷膜防水材料"中6项发明专利入股企业转化过程中,因职务发明专利权的股权奖励审批手续复杂未能成功而开始探索职务科技成果的混合所有改革,旨在破解当时"高校职务科技成果所有权归高校所有,在推动职务科技成果转化中，高校有权利但无动力，而有动力、有能力的职务发明人，又无权利进行科技成果转化转移"这一难题。

【技术经理人职能分析】

1. 路径设计：职务科技成果混合所有制是职务科技成果知识产权由职务发明人和学校共同所有，通过职务科技成果混合所有制改革实现两个转变：一是将职务科技成果的所有权由国家所有，变为国家、职务发明人混合所有，职务发明人拥有了产权后，可以交易、继承，从而大大提高了发明人深入参与科技成果转化的积极性；二是将科技成果"三权改革"的"先转化、后奖励"，变为"先确权、后转化"，大大简化了科技成果转化审批程序，只需高等院校一枚印章即可到国家知识产权局完成专利分割确权手续，许可或转让后即可按比例获得收益，作价入股后职务发明人就拥有了公司的股权。该路径的设计，其核心要义是破解了"高校科技成果国有资产属性流失风险"的制度障碍。

2. 制度设计：《西南交通大学专利管理规定》明确了职务科技成果知识产权的分割确权和新知识产权的共同申请。为实现对职务发明人或职务发明人团队（以下统称"职务发明人"）的奖励，学校将奖励前置简化为国有知识产权奖励。对既有专利和专利申请，学校通过专利权人和专利申请人变更的方式实现对职务发明人的奖励；对新的专利申请，学校通过共同申请实现对职务发明人的奖励。学校与职务发明人就专利权的归属和申请专利的权利签订奖励协议，规定或约定按30%：70%的比例共享专利权。职务发明人为团队，其内部分配比例由团队内部协商确定。

第 7 章　技术交易

内容要点： 技术交易是对技术知识产权商品化运营的主要实现方式，技术市场具有有形市场和无形市场的双重特性，是指技术商品交换关系的总和。伴随着互联网时代的到来和网络技术的普及，技术交易呈现出新的发展态势，不再局限于传统的“四技合同”，也不仅仅局限于“最后一公里”，而是贯穿于研发、创意到小试、中试再到产业化的全过程。

技术交易和技术市场是对技术知识产权商品化运营的主要实现方式。技术作为特殊商品，其市场的含义不仅仅是指交易的场所，而是技术商品交换关系的总和。由于技术商品交换对场所没有较强的依赖关系，因此技术市场具有无形市场的属性。另外，技术商品价值的实现，也就是人们常说的技术商品的转化，在其系统中又离不开展览、展示、宣传、实验和生产所必需的场所与设备的支撑，反映出技术商品价值的实现与场所又具有一定的依存关系，这一点又体现出其有形市场的特点。

技术市场所交换的商品是以知识形态出现的，不同于传统市场所交换的商品，它是一种特殊的商品，有多种表现形态，包括软件形式（程序、工艺、配方、设计图等），以及买方需要的某种战略思想、预测分析、规划意见和知识传授等，这些都可构成技术商品。技术市场是连接科技与经济的桥梁与纽带，在促进科技与经济的结合，增强科技事业的自我发展能力，加快科技的社会传播与普及，增强企业的活力促进科技人才的流动，发展商品经济等方面都具有重要作用。

7.1　技术交易发展新态势

从 20 世纪 80 年代开始，我国技术市场从无到有，得到了迅速的发展。1949—1978 年是国内技术市场形成的萌芽阶段，在这个阶段中，我国实行的是计划经济,中国完成了技术市场的观念转变和初步尝试。但将技术作为一种可交易商品的条件还完全不具备,因此,可以说在这个阶段里,我国是无技术市场可言。

1979—1984年是国内技术市场的初步形成阶段。1978年全国科技大会的召开标志着这一阶段的开启。自此,我国技术市场从萌芽状态逐渐过渡到形成状态,科研单位开始向企业有偿转让技术成果。在这一阶段,技术转移虽然实现了有偿或部分有偿转让,但仍仅限于给技术持有者以适当的补偿,技术还未真正成为商品。

1985—2001年是国内技术市场形成的发展阶段。此阶段以1985年3月我国颁布第一部正式的专利法为开始标志。专利法作为第一部以法律形式界定技术商品、规范技术市场的法律,表明我国已开始进入技术市场的规范化、法律化和正规化阶段。这一阶段,我国技术市场的法律体系框架基本建立,管理日益法制化,为技术商品化和开发技术市场作好了政策、舆论和理论等方面的准备。1988年,武汉和四川乐山两个产权交易所相继成立,成为中国第一批技术产权交易所。随着中国技术市场的发展和科技产业的进步,科技体制的不断深入,以科学技术的开发、转让和咨询为主要服务内容的科技产权市场逐步在全国各地兴起。

2002—2005年是国内实体技术市场的迅速发展阶段。这一阶段以2001年12月中国正式成为世界贸易组织成员为开始标志。我国的科技水平从纯学术研究、技术引进过渡到以提高自主原始创新能力和加速科技成果转化为主的发展阶段。在这一阶段,我国技术市场凭借进一步改革开放的东风,得到了非常迅猛地发展。伴随着大中小型企业不断地走上新的台阶,技术需求越来越急迫,然而受到资源、成本、时间等限制,技术市场的形式越来越被大众所接受。相应的,各地技术市场法律法规逐渐完善,建立了较好的市场秩序,使得技术交易得到了基本保障。

2006年至今是国内技术市场的线上、线下混合发展阶段。在这一阶段,伴随着互联网时代的到来和网络技术的普及,中国技术市场由实体阵地逐渐转向网络阵地,各地技术市场纷纷成立网上技术市场,运用现代信息技术手段,构建出各种技术中介平台,并形成协作网络。中国技术市场的发展进入了线上、线下结合的混合发展阶段。除了大环境地迅速转变,还考虑到资源更丰富,参与人数更多,不受地理位置的限制,信息发布更新、更及时等优势的影响，技术市场未来的发展趋势一定是由线下的实体技术市场转向线上的网上技术市场。网上技术交易市场是传统有形技术市场与网络信息技术的结合与创新，由于它具有信息整合传播速度快、方便快捷的操作、无时间空间限制等方面的优势，如今已是技术交易的主流平台。

在"互联网+"、大数据的冲击下，广义的技术交易不再局限于传统的"四技合同"，也不仅仅局限于"最后一公里"，而是贯穿于研发、创意到小试、中试再到产业化的全过程。总体看，技术交易的内涵在此发展背景下不断丰富，外延不断扩展，从而衍生了技术交易的一些新态势。

在传统发展形势下，技术交易以合同纸质化、模式线下化、服务部分化和范围地域化为主要特点，在互联网、大数据及融资、"四众"发展的大背景下，通过机制和政策引导，技术交易逐步形成六大新态势。一是合同电子化，即电子合同，是指当事人之间通过信息网络以电子形式达成的设立、变更、中止财产性民事权利义务关系的协议。随着"互联网+"时代的到来，技术交易之间的合同签订由传统合同向电子合同转变，大大提高了工作效率。二是模式网络化，近年来，随着"互联网+"和大数据的发展，技术交易逐渐从线下向线上转变，中间过程可线上操作，提高了技术市场交易的效率、缩短了技术转移的周期、降低了交易成本等，比传统交易有一定优势。三是载体平台化，信息化时代，技术市场平台一般由三个平台组成，即网络平台、对接平台和交易平台。网络平台用于需求及成果的发布，对接平台用于定期或定向组织在线及在线对接会，交易平台用于成果交易、技术合同登记和交易备案。四是服务全程化，随着技术经济的发展，技术中心的工作不再局限于合同登记、发布信息和组织培训等，而是将服务链条延伸进一步全程化，如宣传贯彻法律法规、负责募集技术市场发展资金等。五是技术资本化，技术资本化是科技成果转化的主要途径，也是产学研有效结合的纽带。在知识经济时代，越来越多的单位通过技术融资、技术入股和技术抵押等方式将技术资本化。六是服务范围国际化，随着经济全球化发展，技术交易国际化已成必然，国际技术交易途径越来越多元，主要有：海外并购、建立国外机构、国际技术联盟和引进国外资金等。

7.2 技术交易合同

根据我国《民法典》的规定，技术合同是当事人就技术开发、转让、许可、咨询或者服务订立的确立相互之间权利和义务的合同。合同是商品生产和交换的法律形式，技术合同是合同的一种。对当事人而言，合同是法律；当事人是否有违约行为，合同是标准；解决当事人之间的合同纠纷，合同是依据。

《民法典》将技术合同分为技术开发合同、技术转让合同、技术许可合同、技术咨询合同和技术服务合同。

技术开发合同是当事人之间就新技术、新产品、新工艺、新品种或者新材料及其系统的研究开发所订立的合同。技术开发合同包括委托开发合同和合作开发合同，委托开发合同是指被委托方按照委托方的要求进行研究开发的合同，合作开发合同是指当事人之间共同参与合作开发的合同。

技术转让合同是合法拥有技术的权利人，将现有特定的专利、专利申请、技术秘密的相关权利让与他人所订立的合同。技术转让合同包括专利权转让、专利申请权转让和技术秘密转让等合同。技术许可合同是合法拥有技术的权利人，将现有特定的专利、技术秘密的相关权利许可他人实施、使用所订立的合同。技术许可合同包括专利实施许可、技术秘密使用许可等合同。

技术咨询合同是当事人一方以技术知识为对方就特定技术项目提供可行性论证、技术预测、专题技术调查和分析评价报告等所订立的合同。技术服务合同是当事人一方以技术知识为对方解决特定技术问题所订立的合同，不包括承揽合同和建设工程合同。

技术合同的内容就是技术合同的权利义务关系，即技术合同的条款。技术合同的条款由当事人约定，这是技术合同的一个重要特点。《民法典》提出了各类技术合同一般应当具备的条款，这些条款是指导性规范，在具体订立合同时还要由当事人来约定。当事人在合同中的约定只要不违反法律规定，不损害国家和社会公共利益，即对当事人各方具有法律约束力。审理技术合同纠纷时，要尊重当事人在订立合同时的意思表示，根据合同的约定来确定当事人各方的权利义务。

技术合同的主体是合同的当事人，包括自然人、法人。技术合同的法律属性复杂，通常包括科学技术成果，以及基于科学技术成果提供的相关服务，其不仅要遵守有关技术交易的一般法律，往往还要受多个法律、法规的约束和调整。技术合同的履行期限长，合同价格或报酬的计算和使用费用的支付也非常复杂，具有很大的风险和不可预测性。技术合同有多种类型，各种合同往往相互关联，技术合同的客体具备的技术内容差异性大。技术合同包含商品的特别属性，是无形的商品，商品通常具有外观形态，可通过一般方式鉴别，而技术方案往往不具有特定的形态，因此，鉴别起来具有一定难度。

与其他各类合同一样，技术合同也是一个严肃的法律行为。如果对技术合同的管理不够规范，一个合同订立的不好，可能会出现商业风险、法律纠纷及其他影响企业利益的各类事件。签订技术合同应注意明确以下问题：①项目选题，开发项目直接关系到合同双方的投资规模、技术先进性及市场前景等重大问题，所以项目选题很重要。②项目签订的相关内容（如技术内容、形式和要求），以技术的内容为例，因为直接关系到合同其他条款的执行，签约双方应尽可能准确、全面地约定相关标的。③研究开发经费或者项目投资的数额及其支付、结算方式。④利用研究开发经费购置的设备、器材、资料的财产权属。对于研究开发工作中购置的设备器材、资料的权属，双方当事人应在合同中约定清楚。⑤合同履行的期限、地点和方式。⑥保密条款，应列出保密的范围、保密内容、保密期限、技术相关情报、资料的保密措施和违反保密条款的责任等。⑦风险责任的承担，风险责任是技术开发合同应约定的重要内容，在合同中应明确风险责任。双方应通过预见性分析，根据实际情况对合同的风险责任进行区分，并作出合理的约定。⑧技术成果的归属和分享，合同中应载明技术成果产生的利益分配方法及归属等，对包括著作权、专利权、非专利技术使用权、转让权等相关方面如何使用、归谁所有，以及利益如何分配做出约定。⑨验收标准和方式，验收标准是合同实施完成后，双方确认是否符合和达到合同标的约定的技术指标和经济指标。合同中应约定验收时所采取的评价指标、鉴定方法，并确保验收的顺利进行。

7.3 技术合同的特征

技术合同的标的是技术成果,这是技术合同的首要特征也是最突出的特征。“技术成果”和“技术”在《民法典》上是同一概念,是指“利用科学技术知识、信息和经验做出的涉及产品、工艺、材料及其改进等技术方案”。它从根本上来说是一种技术方案或者构思,它具有“实用性”和“可重复性”,也就是说技术成果应当能够制造或使用,并产生实际效果,能够可靠地解决特定的技术问题,并能在一定的条件下再现预期结果。

技术成果并非等同于“知识产权”,但两者具有密切的联系,并且有众多交叉之处。技术成果“权利化”以后就成为了知识产权,就具有了财产权和人身权两个方面的内容,从此种意义上来讲,技术合同就是“与知识产权有关的债权债务关系订立的合同”。但反过来讲,享有知识产权的智力成果不一定可以成为技术合同的标的,只有专利、技术秘密等“技术性”知识产权才能作为技术合同的标的。比如,商标或者一般的作品(除计算机软件)等智力成果,因为其和技术无太大关联,所以就其创作和许可、转让达成的协议虽然也是知识产权合同,但不是技术合同。从另一方面讲,许多技术成果表现为知识产权,但是技术合同中的标的并不要求一定是已经或者可以取得知识产权,某些已经进入公有领域的技术也可以成为技术合同的交易内容,比如技术服务合同中的技术就有可能是公知技术。

技术成果的具体类型应该是开放性的,虽然在《民法典》中仅提到了“专利”“专利申请权”和“技术秘密”三种,但从技术成果的定义以及技术合同的目的出发,还可以列举出一些典型的技术成果,比如植物新品种、计算机软件和集成电路布图设计等。

有利于科学技术的进步和科技成果的转化、应用和推广是技术合同的“本质特征”。所谓“本质”即是说如果某一合同不具有这一特征,甚至与这一特征的表现正好相反,那么这一合同就不能称之为技术合同,即使该合同已经成立都应归于无效。《民法典》的技术合同专章中规定,“订立技术合同,应当有利于科学技术的进步,加速科学技术成果的转化、应用和推广”,又特别强调了“非法垄断技术、妨碍技术进步或者侵害他人技术成果的技术合同无效”。

技术合同是双务有偿合同，这与绝大多数合同的特点一致，即当事人双方互负对待给付义务，当事人互相基于利益的交换而形成了互为依赖的给付义务关系，由于技术合同是诺诚合同，所以其有偿性的特点被双务合同的性质所包含。

技术合同的特殊性主要在于，一般的双务合同当事双方的给付义务是同时履行或者可以有明确的时间节点作为参照来履行义务，履行的“对价”也是比较容易确定的，双方可以根据市场上普遍的特定交易习惯对相互履行义务的确切时间以及“对价”进行约定。而技术合同标的物总的来说具有多样性，但单个具体的技术合同中的标的开发属于“一次性劳动”，因而很可能没有相应的交易习惯，因此对于“对价”和义务履行时间的确定会存在一定的困难。一般商品的价格会基于生产商品的“劳动消耗量”和“可能带来的经济效益和社会效益”决定，但一方面技术成果的生产是一种特殊的劳动，技术成果的价值和其“生产”的成本并不一定成正比，有时少量的“脑力劳动”投入可能获得巨大的成果，而有时大量的“脑力劳动”的投入反而只能获得很小的成果，甚至完全没有成果；同时，这种独一无二的劳动也无法用社会必要劳动时间来确定它的价值。另一方面，特定技术成果实施后可能带来的经济效益和社会效益的多少和时间在技术合同订立支出实际上难以确定，因此某一技术合同的“对价”和双方义务履行时间的确定即“双务有偿”合同中的“务”和“偿”的确定更多的要依靠双方各自依据其可以获得的信息和主观认知进行判断。

技术合同的一方当事人具有特殊性，这也是技术合同显著区别于一般合同的特点之一，其中的“一方当事人”，是指“技术方”，即掌握技术信息，以开发、转让或者提供技术信息为义务，以获取相应价款对价的一方当事人。一般合同的一方当事人不会以“技术性”作为其共同特点，各方当事人具有“不特定性”，而不论是何种技术合同中的“技术方”，都是具备一定专业知识、技能或者技术信息的人。

技术合同的类型法定，并且技术合同受多种法律的调整，这一特征可以分为两个不同的方面：首先，技术合同的类型在《民法典》中已经有规定，即“技术开发合同、技术转让合同、技术许可合同、技术咨询合同和技术服务合同”五个大类，当然也还可以将这五个大类继续进行细分。其次，由于技术合同标的具体类型的多样性，技术合同受多种法律的调整，如前所述，典型的技术合同标的有“专利”“专利申请权”“技术秘密”“植物新品种”“计算机软件”“集成电路布图设计”等，以这些为标的的技术合同除了受《民法典》和《促进科技成果转化法》的调整之外，还相应地受到《专利法》《专利法实施条例》《反不正当竞争法》《植物新品种保护条例》《著作权法》《著作权法实施条例》《计算机软件保护条例》《集成电路布图设计保护条例》等法律法规的规制，也受到相关司法解释的规制，如果技术合同包含了技术进出口问题，还应受到《进出口管理条例》等专门性法律法规的规制。

7.4 技术合同的风险

技术合同法律风险是一种特殊的合同法律风险，是一种以技术(技术成果)为标的的合同法律风险。技术合同法律风险包括了“技术性”合同法律风险和一般性合同法律风险。根据技术合同本身的特点可以概括出可能面临的技术合同法律风险的特点。

技术合同法律风险具有广泛性。技术合同法律风险的广泛性主要体现在三个方面：第一，从技术合同这个整体来说，根据技术合同的标的类型不同可以划分出多种不同的技术合同，而不同类型的技术合同中均存在法律风险；第二，从单个的技术合同来说，在技术合同的订立、履行的过程中都可能存在技术合同法律风险；第三，从技术合同法律风险主体来说，技术合同法律风险主体有技术合同各方，其在主体上也具有多样性。

技术合同法律风险的主体具有特殊性。一般来说，只要谈合同的法律风险主体，必然有合同的双方，而技术合同法律风险的主体具有特殊性，它不仅有技术合同的双方，还有另一个特殊主体——国家。之所以国家也是技术合同法律风险的主体，是因为国家作为一个利益主体时，其总体预期目标是综合国力的提升，而综合国力其中就包括了科技实力和科技转化能力，因为科技最终要通过服务于社会生产转化而为实际的社会生产力，这一目标在技术合同领域，可以体现在《民法典》中对技术合同“有利于科学技术的进步，加速科学技术成果的转化、应用和推广”的原则性规定中，为了在技术合同领域达到这一目标，总的来说就是必须实现技术合同的订立和顺利履行。既然“保证技术合同的订立和顺利履行”是国家的目标之一，而技术合同法律风险的存在会阻碍技术合同的订立和履行，那么国家成为了技术合同法律风险的主体，并且是一种宏观意义上的风险主体。就技术合同当事人这个风险主体来说，其特殊性在于，虽然技术合同有很多不同的种类导致其包含了多种不同的主体，但就技术合同法律风险的主体而言，其实可以概括为两种，即“技术方”和“非技术方”。其中的技术方包括技术委托开发合同的受托人、技术合作开发合同中各方当事人、技术转让合同的让与人、技术服务合同和技术咨询合同的受托人；非技术方包括了技术开发合同的委托人、技术转让合同的受让人、技术服务合同和技术咨询合同的委托人。

风险的成因具有多样性和相互关联性。从技术合同法律风险主体的多样性可以推知，技术合同法律风险的形成原因对于同一个主体来说会有主观和客观两个方面，这都体现出了风险成因的多样性。技术合同的法律风险可能存在于技术合同的多个环节（订立、履行等），而这些环节并不是相互独立的，因此可能某些风险本身体现在技术合同履行的环节中，从技术合同履行中也能找到其形成的原因，但可能履行中导致技术合同风险的原因又是由技术合同订立中的原因导致的。同时，同一个风险结果的发生，很可能是由多个原因共同导致的，因此技术合同法律风险的成因也展现出有相互关联性的特点。

案例分析

【案例简介】

借鉴国内第三方技术转移机构服务流程，有助我国技术经理人开展高校科研院所科技成果转移转化工作。2018 年 11 月 30 日，灯台叶总生物碱及其胶囊新药项目签约仪式在陕西新丰禾制药有限公司举行。省市相关领导、专家、企业家出席签约仪式，此次转让标的为灯台叶总生物碱及其胶囊临床批件、发明专利及相关研究资料，全球独家转让，总交易额为 1 亿元人民币。促成该项转让案例的服务机构为西安赛乐思特生物医药投资咨询有限公司（以下简称“西安赛乐思特”）。

【角色分析】

该案中转让的分别为陕西新丰禾制药有限公司和中科院昆明植物研究所。西安赛乐思特充当"技术经理人"的角色。西安赛乐思特创办于2012年，专业从事生物医药投资咨询、高校科研院所技术转移服务，它的成立填补了西北地区生物医药投资咨询的空白，其主要业务包括：①技术经理人培训；②高校科研院所科技成果转化咨询服务；③生物医药初创公司投资。西安赛乐思特旨在搭建一个专业、诚信、共赢的生物医药投资咨询平台，更好地为发明人和投资人服务。西安赛乐思特通过与国内外发明人或成果持有人和投资人建立长期稳定的合作关系，提供全流程生物医药科技成果转移转化服务，打造为国内外知名的高校科研院所生物医药科技成果转移转化服务公司。

【技术经理人职能分析】

1. 技术经理人培训：西安赛乐思特通过技术经理人培训在国内外搭建了高校科研院所技术转移生态圈，建立了广泛的人脉资源，除了学员之间相互沟通交流之外，学员也会推荐与生物医药有关的项目给西安赛乐思特，灯台叶科技成果就是在一次培训中得知。故技术经理人培训是搭建科技成果转化的一个非常有效渠道，通过培训建立"相识—相知—知心"的技术转移人脉圈，为打造高校科研院所技术转移生态系统奠定基础。

2. 与成果发明人建立互信：作为技术转移中介机构，往往很难与发明人所在高校或科研院所签署保密协议，主要原因为第三方技术转移服务机构难以获得发明人的信任，同时，高校技术转移机构内缺乏专业的技术经理人。于是在高校科研院所科技成果转化过程中就出现了非常尴尬的局面，即单位缺乏专职技术转移机构和专业的技术经理人，而技术转移机构的专业"技术经纪人"又得不到单位和发明人的信任。经初步沟通交流，西安赛乐思特与科研院所签署了保密协议，这也是双方开展技术转移工作的基础。

3. 开展有效的技术评估：一项科技成果是否能转化，取决于以下几个因素：①所有权，明确了成果所有权，就知道与谁签署服务协议和转化协议；②技术的先进性和可行性，技术不但要先进，还要能落地；③市场性，成果转化的目的是生产新的产品或服务，没有市场的技术或成果，就难以转化，不能体现其价值。灯台叶胶囊的适应症是呼吸系统疾病，是科技部重大新药创制项目，并已完成临床IIa，风险可控，未来完全可以按美国植物药申报。经过详细的调研和评估，西安赛乐思特认为所有权清晰，专利价值高，市场潜力巨大，值得推荐。

4. 建立简洁、高效的营销模式：基于咨询服务协议，西安赛乐思特享有一段独占期，即在约定时间内帮助引荐受让企业。因为有时间限定，中介方会全力以赴在规定的时间内去寻找成果受让方，西安赛乐思特随即开始接触和邀约上市制药企业。在具体营销过程中，先是分享非保密项目简介，若有企业感兴趣，科研院所再与企业签署保密协议，再通过“微信语音”邀请发明人介绍其科技成果，在项目路演过程中，西安赛乐思特对灯台叶项目有了更加深入的了解和认识，对灯台叶转让项目逐渐有了信心。

第 8 章　技术创业

内容要点: 技术创业是科技成果转化的主要通道,是技术知识产权资本化运营的主要实现方式。技术创业涉及众多的影响因素,创业机会识别与创业资源整合是制约技术创业成败的关键。

技术创业是科技成果转化的主要通道和实现方式。技术创业的概念1971 年首次在普渡大学的《技术创业论坛》上提出。在此之后的数十年,学者们对技术创业的内涵进行了定义。学者们普遍认为技术创业是技术、创业和创新三者的交集部分,主要涉及创业和技术创新两大领域。技术创业不同于技术创新,因为技术创业的情境是企业组织形成的过程,而在技术创新的情境中,企业组织已经存在;技术创业不同于一般创业,技术创业侧重于技术机会的开发,需要比一般创业拥有更深厚的技术能力和管理能力。技术创业一般由具有科学、技术、工程和数学教育(STEM)背景的工程师或科学家(团队)发起,并面临着高度的技术和应用不确定性,有着更大的资本需求,但也具有更大的机会空间。

8.1　技术创业的影响因素

技术创业的影响因素分为创业前因相关因素、创业实施相关因素、创业结果相关因素和创业情境相关因素。

8.1.1　创业前因相关因素

创业前因相关因素包括创业者、创业团队、创业组织和创业机会等,是影响并推动创业活动开展的前置力量。

创业者是具有潜在创业意愿并从事创业相关活动的个人,创业认知是创业者的重要特征。创业者的认知结构和认知过程的差异影响着创业行为。创业团队通常由具有相似人口统计特征的个人组成,创业团队的特征主要包括团队认知、团队组成、团队资源能力等方面。团队认知代表了团队的整体氛围,来自于每个成员的个体认知和团队社会互动的相互作用,包括共同认同、信任、情绪和团队信心等内容。团队认知与团队组成只有转化为团队能力,才能对团队绩效、企业成长产生直接的影响。创业团队能力作为团队成员嵌入到团队中的知识与技能,依赖于团队资源并从资源中创造价值,其中,团队成员的先前经验、社会资本等都是重要的团队资源。

创业组织作为创业活动的重要参与主体之一,其高管特性、组织架构、组织类型受到了较多关注。高层管理者在创业组织中担任着促进创业行为的责任,高层管理者的人格特质、领导风格、创业认知、社会资本、地位和股权等会对创业组织参与创业活动产生影响。但创业责任并不仅限于高层管理者,创业活动是一项共同责任,因此,高层管理者需要构建组织架构,以促使组织成员能参与到创业计划中。支持创业的组织架构是一种内部组织环境,其可以单独或共同地鼓励创业行为,涉及并整合“硬件”和“软件”元素,其中,组织规模、组织奖励系统、工作自由裁量权/自治权、员工时间可用性、文化氛围等都是组织创业水平的影响因素。基于不同的创业组织类型,内部创业、家族创业、国际创业、技术创业、社会创业和农业创业等逐渐形成了不同的细分领域,各个细分领域具有各自的研究特色,彼此之间也存在着相互交融的关系。创业认知不仅是在高层管理者的认知领域体现,而且在整个企业的管理人员和非管理人员都有所体现,组织成员在组织创业中也发挥着重要的作用。因此,组织成员也是创业组织特征中应当关注的要素之一。创业机会是创业的核心,主要涉及机会本质、机会识别、评估与利用等方面。

8.1.2 创业实施相关因素

创业实施相关因素包括创业资源、创业决策、创业融资、创业战略、创新、创业学习和创业网络等,是创业过程中所采取的一切行动和策略。

(1)创业资源。创业主体识别、开发与利用机会的创业过程需要“实现新的结合”,结合的对象即“创业资源”,从而实现外部资源获取以及内部资源整合。创业者通常需要获取并利用利益相关者控制的资源来形成机会并加以利用,而新组织合法性往往是获取外部资源的前提。资源获取后需要经过内部开发与整合才能转化为绩效报酬。

(2)创业决策。创业者根据其任务性质,必须依据对机会的不完全理解来做出创业进入决策或创业退出决策。创业进入决策是决策者决定是否成为创业者或者是否创办一个新企业。在创业进入中,创业者要做出是否进入、何时进入以及选择何种方式进入的决策。创业者在决定是否进入,以及何时进入往往受到创业者认知能力、资源禀赋、行业类型的影响。在做出创业进入决定后,创业者可以选择接管现有企业、创办新企业等进入策略。创业过程不是以新企业的创建而结束,而是以创业退出而结束。总体而言,创业决策受到决策者个人特征、机会特征以及决策环境的综合影响,多元因素影响创业决策过程。

(3)创业融资。初创企业通常需要获取金融资本来助推其发展,风险投资、IPO、天使投资、企业风险投资等传统融资方式和众筹、小额信贷等新兴的融资方式,都是获取外部资金支持的重要途径。风险投资是最早在创业领域受到关注和最为广泛认可的股权融资形式,影响风险资金获取的因素、获取风险投资后对企业发展的影响、风险投资企业本身的发展、制度环境对风险投资的影响等都是创业融资中受到广泛关注的问题。IPO、天使投资、企业风险投资等其他融资形式,特别是众筹等新兴融资方式也日益受到广泛关注。

(4)创业战略。创业战略主要包括两个方面:其一,是将创业思维或创造力应用到公司战略制定中的创业导向;其二,是要组织制定某种战略以指导创业活动。

(5)创新。创新是创业者通过尝试开发和引入新的或改进的产品、流程或商业模式,以获取绩效、成功与长期生存的关键因素,也是创业的本质与手段。突破性创新、颠覆性创新、包容性创新、开放式创新、激进性创新、探索性创新和利用性创新等不同创新模式对创新绩效和企业发展都有重要影响。在创新开展中,研发支出与投资是创新和创业活动的先驱,对企业开发新产品的能力、创造或采用可提高生产率的创新技术有重要影响。

(6)创业学习。创业学习是指创业者通过经验、观察与实践获取并吸收知识、发展技能和能力的动态过程,涉及知识获取、信息分发与解释、组织记忆等阶段。创业者和管理者的先前经验和知识在先天性学习中作用突出,在创业学习过程中,知识转移、知识溢出等知识流动、知识共享等也十分重要。与知识转移强调以市场交易获取经济有偿性的技术转让不同,知识溢出是无补偿或补偿不足的知识流,是指投资于知识创造的一方以外的其他各方从知识创造中获得的外部利益;产业集群、组织联盟、移民与本土社区间的知识溢出等对新企业创建、企业绩效、联盟绩效等产生重要影响。

(7) 创业网络。创业网络是为创业提供信息、知识、资金等资源的重要途径。社会网络与商业网络、正式网络与非正式网络、开放系统网络与封闭系统网络、强关系网络与弱关系网络等不同的创业网络类型对创业过程产生不同的影响。网络内容是基于网络的资源资本,如政治资本、社会资本和声誉资本,为企业提供各种有形或无形资源和合法性。而网络治理作为组织和管理网络资源交换的机制,合同和信任在其中发挥着重要作用。网络内容与网络治理共同形成了网络关系。而网络结构作为网络成员之间直接或间接联系的模式,如网络规模、网络密度、网络容量、网络关系强度、网络中心性和网络结构漏洞等,对创业绩效都有重要影响。网络节点是指创业者、创业团队、创业组织等网络参与主体,网络节点的特征与能力将直接影响着创业网络的形成与运行。

8.1.3 创业结果相关因素

创业结果相关因素分为个人、企业、社会三个层面,是创业主体在实施创业行为后获得的表现。

与个人相关的创业结果包括创业意图、新企业建立、创业成功和创业失败等几个方面。创业意图是指成为创业者的行为打算,是重要的创业结果之一。创业意图主要由个人特征,机会特征以及环境因素的相互作用而决定。在形成创业意图后,建立新企业被认为是重要的创业表现。创业成功存在较多的衡量标准,创业经济回报、心理满意度等都是评价创业成功的重要内容。个人层面的创业结果中,各个结果主题之间存在着较强的相互关联性,例如,新企业建立与创业成功之间的关系与界限,创业意图对新企业建立、创业成功或失败的影响等。企业层面的创业结果涉及和企业绩效、企业生存与成长、外部资金获取表现等内容。创业活动有助于推动国家经济增长，并影响社会财富和环境财富的创造。其中，创业率是衡量创业发展水平的重要指标，也是社会层面的创业结果之一。

8.1.4 创业情境相关因素

创业情境相关因素是指创业开展过程中所涉及的一切与制度、文化和经济相关的环境因素，直接或间接地影响着创业活动的开展。

制度情境是创业组织为了获取合法性和利益相关者支持，必须遵守的外部集体公认的规则。一方面，创业发生在由制度规范塑造的市场中，需要与代表制度情境的法律、法规和惯例相适应。因此，创业在某种程度上取决于社会的制度秩序，如法律体系质量、社会规范性制度等。制度情境对创业活动的影响主要涉及制度不确定性和制度差异性展开，制度变革、暴力和内乱、政权不确定性、制度模糊性和动荡性等制度不确定性因素，以及父权制和母系社会、东西方腐败差距、正式制度和非正式制度、法律制度差异等制度差异性因素，他们分别体现了制度情境的纵向时间动态性和横向的区域差异性。另一方面，创业也对制度框架结构和运作产生影响。创业可以专门针对正式的制度情境本身改变“游戏规则”，通过制度创业，改变现有体制框架的、目标明确的创业行动可以带来制度变革。

文化情境是一个地区的行动者对特定活动的道德正确性持有的信念和态度，是不成文、分散的规则，包括特定于社会的潜在价值体系，并激励个人以某种方式行事。文化情境的研究主要涉及宏观、中观、微观 3 个层面：在宏观层面上，由于不同文化背景的差异，存在着一定的文化距离，文化价值观（不确定性规避、个人主义、集体主义、平均主义、民主化）、文化规范和文化语境的不同，从而造成了创业导向、风险投资活动发展水平等的差异；在中观层面上，少数民族文化、宗教主义和民族主义文化对关系中的信任判断、创业强度等都会产生不同影响；在微观层面上，组织文化、创业文化氛围等都会影响管理思维、创新等要素。

国家和区域经济形势、市场体系都将对创业活动的开展产生重要影响。经济市场环境包括宏观经济环境（如经济一体化、经济自由度、经济衰退、经济治理水平、宏观经济危机等）和微观市场环境（如市场成熟度、市场不确定性和竞争水平、市场类别、市场摩擦等），在相应的经济情境下，创业主体应该采取对应的战略应对及其行为反应。

8.2 技术创业机会识别

创新创业是科技成果转化的重要通道。识别创业机会是思考和探索的互相反复,并将创意、创新进行转变,是一个不断调整、反复、均衡的过程。这一过程中,机会的潜在预期价值以及创业者的自身能力得到反复的权衡,创业者对创业机会的战略定位也越来越明确,称为机会的识别过程。

创业者认知创业机会的过程,是非常复杂的。创业机会的识别过程包括:

(1) 机会搜寻。创业者对整个经济系统中可能的创意展开搜索,如果创业者意识到某一创意可能是潜在的商业机会,具有潜在的发展价值,就进入机会识别的下一阶段。

(2) 机会筛选。相对整体意义上的机会识别过程,这里的机会识别应当是狭义上的识别,即从创意中筛选合适的机会。通过对整体的市场环境,以及一般的行业分析来判断该机会是否在广泛意义上属于有利的商业机会;同时,考察这一机会对于特定的创业者和投资者是否有价值。

(3) 机会评价。考察的内容主要是各项财务指标、创业团队构成等,创业者通过评价决定是否正式组建企业以吸引投资。在机会识别初始阶段,创业者可以非正式地调查市场的需求,确定所需的资源,直到断定这个机会值得考虑或是进一步深入开发;在机会开发的后期,这种评价变得较为规范,并且主要集中于考察这些资源的特定组合是否能够创造出足够的商业价值。

(4) 机会识别条件。第一,要能够发现价值,即获取高价值的商业信息,而这种信息往往是他人难以接触到的,这主要是从信息获取渠道及个人创业愿望两个方面来理解。第二,要能够分析价值,即分析出商业信息的价值所在,并做出准确的判断与决策。当然,影响信息分析能力的因素有创业者个人或者团队的智力结构与先前经验、创新思维能力、创业者是否拥有乐观的心态、创业者是否具备敏锐的洞察力等。发现价值和分析价值两者缺一不可,如果能够发现价值信息却不会分析、处理和运用,所获信息就产生不了商业价值；如果只具备强大的信息分析与处理能力，而没有价值信息来源，也是无济于事。

创业机会识别需要创业者拥有先前产业的特殊经验知识，具备有远见与洞察能力、信息获取与分析能力、环境变化及技术发展趋势预测能力、模仿与创新能力、社会关系建立与维护能力、行业或者创业领域知识与经验储备力等多维能力。

先前产业的特殊经验知识对创业机会发现的影响。先前经验是决定个人认知能力、创业技能的重要因素之一，因为大多数创业者的创业能力都是基于先前经验而不断成长的。创业者运用产业特殊知识，特别是产业环境知识，可以发现相同产业或相关产业的创业机会。产业环境知识包括上游供应商的要素、下游顾客的需求、竞争者行为、互补厂商、已有的相关产业知识、资源整合的创意、创新与创造。在特定产业中的先前经验有助于创业者识别出创业机会，个体在特定领域的经验和知识存量越多，就越容易发现和把握该领域内的创业机会，从而实施成功创业。

社会关系网络对创业机会发现的影响。创业机会包含创造的创业机会和发现的创业机会。创业者的社会关系网规模（包括政府、金融机构、高校、支持机构、商业合作伙伴、朋友、家庭、同事等），“弱连接”的范围，网络结构洞制约着创业者发现创业机会。创业者的社会关系网，可以按关系的“弱连接”和“强连接”来分。网络的“弱连接”范围大，有助于取得信息与发现创业机会，“强连接”关系有利于知识等深度资源的取得。潜在创业者的大范围“弱连接”社会关系有助于信息的取得与创业机会的发现。“强连接”基于信任与情感联系，能够促使信息有效地传递，使创业者更好地获得信息，从而更容易将所获信息转化为可能的创业机会；“弱连接”虽然表现出松散性、缺乏信任或者情感基础，但是因为其分布范围较广，比“强连接”更能充当跨越其社会界限的桥梁，可以超出“强连接”群体范畴，去获得来自不同群体、不同网络而又难以得到的高价值信息和相关资源，从而拓展创业者的信息获取渠道，丰富创业者的信息获取量，大大增强创业机会的识别可能性。若一个有潜在需求的下游网络和一个有潜在资源的上游网络没有相互连接，则存在网络结构洞。若只有创业者在中间联结，则他填补和独占了这个结构洞。创业者的关系网填补了越多结构洞，则发现创业机会的可能性越大。若上游出现了下游可以利用的资源,或者下游出现了上游的资源可以服务的需求,创业者在结构洞位置,则他可以实现和独家利用这个创业机会。

创业的本质就是创新和创造,创造性地整合资源产生价值。创业机会来自获得产品有价值(对目标细分市场顾客有价值)、有差异的属性(相比于竞争者的产品属性),即提高产品服务性价比。创业机会的识别过程也要求创造新的价值,最终形成新的产品、新的服务、新的原材料,以及新的组织方式,这是一个不断反复的创造性思维过程。当创业者创造性地想出了解决既有产品或服务存在的问题时,可以用提高性价比的方法,形成了新的创意、创新,也就发现了创业机会。如果缺乏一定的创新、创造思维能力,即使获取了高价值信息,甚至明确了客户的新需求,也很难把握好创业机会。

创业环境会对创业机会的识别产生巨大影响。创业环境是创业过程中多种因素的组合,包括宏观经济政策与制度、产业结构、人口环境、技术环境、自然环境、市场环境和创业价值观等。例如,创业型经济发展的政策倾向、人们生活方式的改变、市场竞争环境的公平性,都会对创业机会的识别产生较大程度的影响,甚至影响创业者的创业积极性。

8.3 技术创业资源整合

资源整合就是要通过组织和协调,优化投资环境,合理地利用和科学有效地配置自然资源、资本资源、人力资源、信息资源和技术资源等生产要素资源,使他们的互相关联程度增强,从而达到优化配置。资源整合,资源是基础,整合是关键。它的实质是对资源的开发利用。资源的整合要求产生集聚的效果,取得“1+1>2”的最终效果。

8.3.1 创业服务与资源整合

创业服务是促进创业者更好地定位市场坐标、催生产业新业态、促进创新经济发展的重要催化器。资源整合对于创业服务模式创新具有重要意义。资源瓶颈既是制约创业服务能否发挥应有作用和价值的重要因素,也是制约创业者实现创业理想、完成创业目标的重要因素。因此,资源整合无论是对创业服务质量的提升、创业服务功能的发挥,还是创业者基于创业服务完成创业理想,都具有重要影响。创业者同样受到资源瓶颈的影响,创业者通常缺乏信息资源、人力资源、资金资源和技术支持等,对于创业者来说,他们不但面临资源的约束,而且受到资源整合的压力。因此,无论是对创业服务者,还是对于创业者来说,资源整合都十分关键和重要。

资源整合是一个系统性和复杂的概念,资源整合可以贯穿于任何一项事件的全过程,任何一项计划、工作的完成都需要通过资源整合来提升效率和质量。在创业服务与创业者之间,资源整合具有嵌入性。所谓的嵌入性是指创业服务提供者的资源整合可以提升自身的服务水平,同时也可将这些整合的资源直接或间接地传递给创业者。因此,资源整合的嵌入性表现在创业服务提供主体和创业者之间的内在联系和逻辑,创业服务质量依赖于创业服务提供者的资源整合能力,而创业者实现创业理想的程度直接反映了创业服务提供者的资源整合是否取得了成功。因此,资源整合的嵌入性对创业服务提供者和创业者都是一个较为关键和重要的因素。资源整合直接影响了创业服务与创业者的工作效率和质量,并且资源整合的传递性使得创业服务主体和创业者主体不断改进自身运行的模式和机制。

8.3.2 资源嵌套式创业服务模式

资源嵌套模式是以某种资源为核心,然后根据这种资源的具体特征、应用价值及辐射范围,寻求服务对象,构建服务模式,主要包括资金、信息技术、人力、人脉和综合五种模式。这里的嵌套是指将资源整合作为一项重要的资源结构(或参与方)放置到创业服务模式中,从而形成新的创业服务模式。之所以强调嵌套是因为资源整合涉及各方面的工作,对于创业服务模式的优化与创新具有重要的意义。

嵌套式的创业服务模式按照资源整合的类别进行分类,针对创业服务主体及创业者的资源进行不同的安排,具体可以分为:以资金资源为导向的嵌套创业服务模式;以信息技术资源为导向的嵌套创业服务模式;以人力资源为导向的嵌套创业服务模式;以人脉资源为导向的嵌套创业服务模式;综合以上四种资源的嵌套创业服务模式。

以资金资源为导向的嵌套创业服务模式。这种嵌套模式的主要使用对象是大学生创业者，该嵌套创业服务模式把资金即融资问题的解决作为基本导向，然后将创业服务的各种资源（例如创业培训资源、创业规划资源、高校支持资源及社会闲散资源）综合起来，最终形成政府主导、高校支撑、社会推进的嵌套服务模式。这种嵌套服务模式的特点是政府通过政策、财政资金的方式引导大学生创业；高校以开设创业培训课程、塑造大学生创业意识为支撑；社会以提高大学生创业动手能力，提供诸如天使基金的方式推进创业服务。以资金为导向的嵌套创业服务模式，建立在政府、高校、社会资源整合的基础上，以提高资金投入为突破口构建创业服务模式。事实上，以资金为导向的嵌套服务模式也可以按照不同的创业者（例如除了大学生以外的创业者）的需求适当调整创业服务模式的内容。需要指出的是，创业服务模式不是一成不变的，鉴于资源整合的需求及创业者需求的不同，创业服务模式可以根据利益及参与各方的需求进行动态调整。

以信息技术资源为导向的嵌套创业服务模式。以信息技术为导向的嵌套创业服务模式以国内的创业园区、孵化园为代表。围绕“信息技术”核心元素，创业园区、孵化园通过与国内优质的创业服务商，尤其是互联网创业服务商合作，开放相互的优势资源，从创意服务、技术合作、品牌宣传和信息共享等方面进行深度合作。创业园区、孵化园提供信息获取、技术支持、客户对接、市场推广、知识产权和创业辅导等联合服务，为创业者提供优质的信息技术平台，促进其创业成功。以信息技术为导向的嵌套创业服务模式的最大特点是以互联信息技术为导向，有效整合各种资源，从而优化创业服务模式。

以人力资源为导向的嵌套创业服务模式。以人力资源为导向的嵌套创业服务模式主要服务对象是企业。创业的企业往往需要人力支持，因此，以人力资源为导向的嵌套创业服务模式首先注重的是人才培养、人才信息的获取及人才结构的适度调整。在我国，猎头公司、人力资源服务公司等都具有创业服务的性质。当前，我国人力资源供给存在结构性矛盾，通过以人力资源为导向的嵌套创业服务模式可以进一步改善人力资源信息供给结构，达到降低人力资源成本，提高人才资源效率，并促进创业者成功创业的目标。

以人脉资源为导向的嵌套创业服务模式。人脉资源是创业成功的关键要素，尤其是在中国，善于整合人脉资源是创业成功的关键，通过一定的人脉可以促使创业者的创业梦想变为现实。以人脉资源为导向的嵌套创业服务模式包含三个层次：首先，政府创业服务中心进行人脉资源整合，政府可以通过组织创业创意大会、开办创业竞赛等活动帮助创业者聚集人脉资源；其次，社会创业服务机构及互联网创业服务机构可以通过组织举办线上、线下的一系列活动帮助创业者聚集人脉资源；最后，创业者可以综合运用各种创业服务机会，利用自身的显性知识来实现人脉资源的整合。

综合信息资源、人力资源、资金资源和人脉资源的嵌套创业服务模式。综合以上四种资源的嵌套创业服务模式，通常通过“互联网＋”信息技术平台实现。依靠“互联网＋”信息技术平台可以降低资源整合成本，从而更好地实现嵌套创业服务模式的创新。例如，目前最新的“柠檬 VC”服务模式。“柠檬 VC”先后通过与易后台、传播管家、创意宝进行战略合作，通过整合各种资源的方式，为创业者提供资金、技术、市场及创业培训等服务。“柠檬 VC”是我国目前首家将创业服务定义为“精准客户”“创业帮扶资金”的创业服务平台，诸如此类服务平台已经如雨后春笋式地涌现，为“双创”战略的推进提供了更多选择和可能性。

8.3.3 孵化器与创业资源

孵化器将社会创业支持机制有效链接，为促进创业企业成长提供物理资源访问、行政管理服务、金融资源访问、协助创立流程和网络关系访问等多种服务，是区域可持续创业生态系统的关键要素。

创业企业先天存在“新进入缺陷”，资源基础尚不完整，渴求相关资源支持，而孵化器将各类创业资源集聚，社会创业支持机制链接，能帮助创业企业完善资源基础，并实现成长。

创业企业需求和孵化器供给的主要资源包括有形资源和无形资源。

（1）有形资源。一是物理资本。包括企业所使用的办公及生产场所、设施设备及原材料等。创业企业普遍对物理资本的需求规模小，较难找到合适的供给方且成本高昂。孵化器通过提供共享办公空间和设施设备，满足创业企业需求。依托高校院所的孵化器还可以提供诸如图书馆和技术实验室等专业性物理资本。二是金融资本。创业企业项目多处于市场化前的研发阶段,需要持续的资金投入,但由于技术的新颖性和复杂性,以及业务的高风险性,金融机构普遍避而远之。孵化器通过种子期投资换取企业股权,为企业解决资金来源,或者通过促进创业企业与外部天使人和投资机构联系互动,以间接方式帮助企业寻找外部资金。

(2) 无形资源。一是知识资本。创业企业多由具有技术背景的创业者建立,已具备一定的技术知识基础,但往往在管理和创业经验等商业知识方面储备不足。孵化器通过实施培训计划或提供导师团队指导,并提升创业企业的商业知识。依托高校院所的孵化器由于地理接近性和嵌入性,还可帮助创业企业提升技术知识库储备。二是社会资本。社会资本赋予组织从社会结构、社会网络和成员资格中获取资源和收益的能力,是创业企业获取缺失资源、实现战略灵活性的关键资源。然而创业企业尚未与其他组织建立起稳定的关系和信任,普遍缺乏社会资本,因此孵化器可以通过网络协调者的角色功能,促进创业企业与利益相关者互动联系,帮助创业企业建立外部网络联系和共享孵化社区内部网络关系。三是合法性。合法性是指组织以某种方式生存和开展活动的权利。创业过程实质上是新创企业争取合法性的过程,需要获得创业资源所有者和利益相关方的认可和支持。创业企业由于资源禀赋有限和新进入者缺陷,缺乏历史记录和社会网络支持,所以取得其他组织信任存在难度,即缺乏足够的合法性。孵化器依托知名院所或大型企业,具有成功的孵化记录和稳定的社会网络,因此创业企业可以通过入驻孵化器来增强合法性。

8.4 技术创业融资

在以高新技术产业为主导的现代经济社会,创新创业企业作为产业先进主体是推动技术进步和经济增长的关键动力。由于处于发展初期,且自有资产较少,因而面临较大的外源资金需求;但其高风险性和不确定性使得外源融资难以实现。从资金来源看,创新创业企业外源融资方式主要有两类:负债融资和股权融资。

作为创业企业的外部负债融资方式之一,银行贷款在企业的融资总额中占比最高。但是银行给创业企业贷款十分重视企业的各方面信息，而信息的高度不对称会提升银行给企业贷款的成本。然而创业企业盈利以及其持续性存在极大的不确定性，并且缺乏公开信息的渠道，导致存在严重的信息不对称的问题。因此，创业企业在初期申请银行贷款的过程复杂，成本高昂。在企业资产规模小、业务记录少且信息不透明等一系列风险条件下，创新创业企业往往难以获得负债融资，而只能依靠股权融资。这就导致企业在创业期随着经营规模之间扩大通常会面临融资渠道单一，融资十分困难等资金困境。

这种困境在美国等发达国家却可以很好地解决，发达国家的创业企业的融资来源多种多样，包括国家支持的孵化器项目，天使投资、微贷，早期风投以及融资平台等。随着经济全球化的影响逐渐扩大，中国也开始解决中小型企业的发展问题，包括鼓励风险投资机构的进入以及政府扶持等方式。

风险资本在企业初创期及时进入能够促进创业企业的持续性发展。有风险投资参与，企业价值的增长速度，技术创新能力和水平要远高于非风险投资参与的企业。创业企业通过多轮次融资能够解决资金困境，有效帮助企业之后的发展，提升企业绩效，因此，多轮次融资能够促使企业价值的提升。

8.4.1 多轮次融资

多轮次融资是指企业对计划的资金需求分多次融资获得，创业企业尤其是科技型创业企业在成立初期缺乏资金以供企业发展，从而向外部投资者进行股权融资。之所以分为多轮次，是因为创业企业在成长初期具有成长以及持续性不稳定的特征，投资者选择此时进入会面临较大的风险，使得投资者采取分阶段，分轮次地对企业投资，能够分散投资者的风险，也降低了由于投融资双方的信息不对称问题导致的各项风险。多轮次融资通常分为天使轮，A轮，B轮，…，Pre-IPO(准备上市前融资)，IPO(首次公开发行股票)的一个过程。轮次与轮次之间对应企业的发展现状，融资的金额和时间可以侧面向市场反映企业的发展状况，企业的融资轮次也可以证明企业处于怎样的发展阶段。

通常来说，当一个公司准备将研发的项目进军市场时，没有形成实体的产品，几乎没有营业收入，这个阶段的融资是天使轮，天使轮融资的公司往往只有企业或者产品的发展理念，当企业进入A轮的重要标志就是产品正式上线，能够持续运营一段时间，企业有详细完整的管理模式和盈利模式。这个阶段一般是有产品、有用户，但是收入很少，甚至没有收入。后续的发展以及是否展开下一轮的融资需要投资者判断企业的各项指标进行决定。多轮次融资可能表明融资企业对未来更有信心，多轮次融资的企业为了获取后续轮次的融资一般都会表现出较强的持续盈利能力和优秀的成长能力，有利于吸引后续资本投入，缓解企业的融资约束。由于下一轮次融资开始前，投资企业都会重新评估企业的经营状况再决定是否投资，因此每轮次的融资企业价值都会有所提高。

多轮次融资对于企业来说最普遍的方式便是引入风险投资。风险投资最早出现在欧美发达国家，进入我国时间较晚，因此在我国发展的途径不完善。我国的大部分风险投资机构都采取私募股权投资作为运作形式。不同国家或地区的学者对于风险投资的概念理解不同，1999年我国发布的《关于建立风险投资机制若干意见的通知》中明确了风险投资机构的定义，是以股权资本形式投资于成长型高的技术导向性企业，并且提供管理咨询服务，最终的目的是通过股权转让获得超额投资收益的金融机构。因此我国的风险投资机构一般的特征包括：(1)中小型创业企业，尤其是高科技企业是其投资目标；(2)除了提供资金帮助企业发展，风险投资机构也会充分利用自身拥有的丰富的社会资源以及专业能力提供相应的非资本服务，例如通过咨询、引导、监督等方式促进企业价值的提升。(3)风险投资机构一旦进入企业持续的时间较长，如持续8～10年。风险投资机构会则通过使被投资企业上市或者被并购、兼并等方式转让自身股权从而退出企业获得高额收益。

8.4.2 风险资本与银行资本的选择

创业企业融资选择的问题主要集中在债务融资和权益融资两种方式的选择上，而银行融资、风险投资分别是债务类、权益类融资的典型代表。银行融资下企业家拥有对企业的绝对控制权，从而有足够激励去付诸努力；而通过风险投资融资则会占据企业部分控制权，弱化激励，产生双边道德风险。创业企业需要在风险资本和银行融资两种融资来源做出最优决策。

当风险投资家生产效率显著高于企业家时,风险投资优于银行融资。企业所处市场环境也会对其融资决策产生影响,其中市场竞争强度是一个重要影响因素。产品市场竞争提高了企业家努力激励的价值,因而竞争增强了银行融资相对于风险投资的优势,即一个对两种融资选择呈中性的企业家在面临激烈市场竞争的情况下将更偏好银行融资。若企业预期未来产品市场竞争强度将提高,则企业在现期倾向于采取财务保守行为,缩小债务规模。此外,项目的成功概率、收益分布、创新水平和企业发展阶段等特征也将对企业融资选择产生不同程度的影响。银行或风险投资与创业企业家谈判是否投资项目时,首要考虑的因素是融资项目的成功概率。在企业项目风险较高时,风险投资将占主导地位。项目收益分布呈现优良正态分布的企业将选择监管较少的银行资本融资,而风险资本融资则更适用于风险较高、项目收益呈偏态分布的企业。项目创新水平越高,越能促进企业通过风险投资融资。进一步地,项目创新水平越高,风险资本家的股权分配比例也越高。对于处于不同发展阶段高科技企业的最优融资选择,风险投资主要适用于初创期和成长期企业,银行融资则主要适用于成熟期企业。

案例分析

【案例简介】

开展概念验证助推高校跨越科技成果转化死亡谷。当前我国高校满足转化需求的高质量科技成果仍然不足,制约科技成果转化的问题主要表现为:一是科技成果多为实验室阶段成果,大多不能“即时转化”;二是科技成果中试熟化相关的平台、技术、人才和资金投入不足;三是选题与市场需求结合不紧密,研发过程与市场脱节。北京航空航天大学于2014年通过孵化器探索科技成果从实验室走向市场的早期培育工作,顺利实现了航空飞行模拟器成果的产业化,并于2018年在区域政府支持下启动概念验证中心建设,汇聚整合各类资源支持开展科技成果概念验证,打通了成果转化链条,助力科技成果迈向市场。概念验证中心建立了基于技术价值、法律价值和商业价值一体化判定的项目遴选机制,由技术、产业、项目管理、投资和创业辅导组成的专家队伍全程参与的项目组织管理机制；从科研项目到商业投资项目衔接和过渡的管理目标机制，组织实施了一批科技成果的概念验证，得到了社会的广泛关注。

【角色分析】

概念验证中心作为科技成果转化中技术创新链条的重要环节，构建了一支涵盖科研管理、专利服务、法务、投资创业等领域的职业化团队，充当了技术经理人角色。而其服务的对象都是以重视市场应用的特定科研群体。

【技术经理人职能分析】

1. 技术识别：开展技术识别是做好项目遴选的保障，因此需要技术经理人分别围绕技术先进性通过专利分析、技术比对等进行判定；围绕市场前景通过情报分析、专题调研等进行分析；围绕团队意识通过访谈交流、合作测试等进行判定，协助团队从市场应用角度制定技术开发策略，确保后续技术工程化的实现，并确保成果“值得转”。

2. 项目管理：对概念验证入选项目，需要技术经理人在项目申请、立项审批、过程考核和项目验收全流程管理要求的基础上，围绕概念验证目标制定工作计划，并开展全过程辅导和服务，并积极协调解决项目所需要的场地、设备、经费、人才和市场渠道对接等问题。

3. 专利布局：为提升概念验证项目的法律价值，需要技术经理人整合资源对项目涉及的技术进行专利预警分析，通过专利导航、专利挖掘等多种手段为拟转成果开展专利布局，提升概念验证项目的法律价值，并确保成果“有权转”和高价值。

4. 成果推广：要实现概念验证项目的有效转化，需要技术经理人围绕目标市场和渠道做布局分析，并组织撰写商业计划书，通过组织参加项目路演、成果推介、合作对接等多种形式的活动接洽需求市场渠道资源；并积极寻找适宜落地区域，分析研判产业配套条件和政策，开展商业模式策划、投融资对接，争取各种政策支持，实现成果落地转化。

后　记

我国经济社会发展进入新时代以来，创新驱动已经成为国家发展战略。作为创新驱动发展战略的重要内容，科技创新已经成为提高我国社会生产力和综合国力的战略支撑。为了加快建设创新型国家，党的十九大报告对科技创新和成果转化提出了更高的要求。

科技成果转化是一项复杂的系统工程，科技成果转化工作体系是促进科技成果持续产生，推动科技成果扩散、流动、共享和应用，并实现经济价值与社会价值的生态系统。做好科技成果转化工作，需要专业化的科技成果转化和技术转移人才。

2018 年 12 月 5 日，李克强总理在国务院常务会议上指出，要引入技术经理人全程参与成果转化。至此，技术经理人作为专业化和职业化的国家高层次科技成果转化和技术转移人才，以全程参与科技成果转化、对具有实用价值的科学技术成果进行商业化经营、实现科学知识的市场化价值增值为使命职责，正式走向了创新驱动发展和创新型国家建设历史舞台的中央。

科技成果转化工作的系统性和复杂性，决定了技术经理人必须专业化和职业化。技术经理人从事科技成果转化和技术转移工作，需要具备专业知识素养和关键核心能力。正如本书中所论述的，技术经理人是一群素质全面的高级管理人才，既要对市场有深刻理解，也要对成果和资金的对接过程有很高的领悟力，还要有强大的战略策划能力；他们能够对项目进行包装、推销和实时跟踪，并推进项目最终取得成功。

人才，特别是专业化和职业化的高级人才，不是凭空出现的，人才都是培养出来的。为了壮大专业化科技成果转化和技术转移人才队伍，国务院在 2017 年印发的《国家技术转移体系建设方案》中指出："加强技术转移人才培养。发挥企业、高校、科研院所等作用，通过项目、基地、教学合作等多种载体和形式吸引海外高层次技术转移人才和团队。鼓励有条件的高校设立技术转移相关学科或专业，与企业、科研院所、科技社团等建立联合培养机制。将高层次技术转移人才纳入国家和地方高层次人才特殊支持计划”。

作为国家高层次技术转移人才，技术经理人的培养分为专业知识素养和关键核心能力两个层面。技术经理人的培养和成长过程与职业经理人的培养和成长过程遵循着同样的规律。

职业经理人是一定社会经济关系的产物。与信用事业一起发展起来的股份企业，使管理劳动作为一种职能越来越同自有资本或借入资本的所有权相分离，便产生了一个以经营资产和管理企业为职业的特殊社会阶层——经理人阶层。

职业经理人的产生及经理阶层的形成，标志着以经理控制型的现代企业制度取代了所有者与经营者一体化的传统企业制度。现代企业经理人是凭借其管理能力而获得报酬的人，担当并胜任经理职务的人必须具有经营管理的能力，不具备此能力的人，是没有资格成为经理人的。即使在经理人制度已经建立的情况下，形成合理的经理人生成机制的关键也在于经理人管理能力的培养与造就。而经理人获得管理能力有两种途径：一种是“干中学”；另一种是教育培训。技术经理人获得经营管理能力，同样需要教育培训和“干中学”。

所谓“干中学”就是在实际的经营管理中通过向有经验的人学习，或者通过更具体的分工，达到熟能生巧而逐步积累形成经营管理能力。这种途径在经理人产生之初占据主要地位，在现在经营管理中仍然拥有重要的地位。但随着现代企业地不断发展，社会对管理的需求增多，各种个别管理的共性逐步被人们所认识，人们在对具体管理知识抽象的基础上，形成了一般管理知识。社会上兴起了一种专门从事研究、传授这种知识的职业——管理教育和培训。“不同企业从事相同活动的经理人员通常都要接受相同类型的训练，就读于相同类型的学校。他们阅读相同的书籍，参加相同的学会”。管理教育和培训成为了一个孵化现代企业经理人的一个摇篮，大大促进了经理人的职业化步伐。因此，将两种途径结合起来更有利于培育和造就经理人管理能力。事实证明，仅仅依靠一种途径往往难以培养和造就出优秀的经理人。

面向国家对专业化科技成果转化与技术转移人才特别是技术经理人

的人才培养需求，中关村技术经理人协会自成立之初，就在中关村管委会的支持下，围绕技术经理人的专业化培养展开了扎实细致的工作，本书的出版即为技术经理人专业化培养的基础性工作之一。除此之外，中关村技术经理人协会的会员单位覆盖了高校、科研院所、医院、大型企业以及孵化器等各类科技服务机构，既有基础理论知识方面的专家学者，更有具有多年丰富实践工作经验的科技成果转化和技术转移业内精英人士；既能做到对技术经理人专业知识素养的教育培训，更能通过各种基地、平台的实际项目操作实现“干中学”，从而切实提高技术经理人的经营管理能力。

希望通过所有人的共同努力，为技术经理人的专业化培养和职业化发展创造更好的环境和条件，更快更好地培养出国家迫切需要的专业化技术经理人队伍，为建设创新型国家、实现“两个一百年”奋斗目标做出应有的贡献。

附录　技术经理人从业推荐书目

[1] [美]艾伯特·N·林克,唐纳德·S·西格尔,迈克·赖特著.大学的技术转移与学术创业——芝加哥手册[M].王慧慧,周雅明,洪霖,译.上海：上海科技教育出版社,2018.

[2] [美]埃里克·莱斯.精益创业:新创企业的成长思维[M].吴彤,译.北京：中信出版社,2012.

[3] 安同良等.长三角地区研发的行为模式与技术转移问题研究[M].北京：经济科学出版社,2011.

[4] 北京市科学技术委员会.探索之旅:科技成果转化的北京模式[M].北京：北京科学技术出版社,2013.

[5] [美]布雷登.埃弗雷特,奈杰尔.特鲁西略.技术转移与知识产权问题[M].北京：知识产权出版社,2014.

[6] [美]布鲁斯.巴林杰.创业管理:成功创建新企业(原书第5版)[M].北京：机械工业出版社,2017.

[7] 卜昕等.美国大学技术转移简介[M].西安：西安电子科技大学出版社,2014.

[8] 蔡声霞.国际技术转移与发展中国家的技术能力建设[M].北京：经济科学出版社,2014.

[9] 曹海涛.合伙创业:合作机制＋股份分配＋风险规避[M].北京：清华大学出版社,2018.

[10] 曹荣.科技成果转化的金融支持研究——基于中美比较的视角[M].北京：科学出版社,2019.

[11] 曹兴.技术联盟知识转移行为研究[M].北京：科学出版社,2014.

[12] 陈怡安.组织学习与技术转移绩效的关系研究[M].北京：电子科技大学出版社,2014.

[13] 陈飞翔,胡靖.利用外资与技术转移[M].北京：经济科学出版社,2006.

[14] 陈鹏.商务谈判与沟通实战指南[M].北京：化学工业出版社,2019.

[15] 陈强,鲍悦华,常旭华.高校科技成果转化与协同创新[M].北京：清华大学出版社,2017.

[16] 陈玉涛.科技成果评价[M].北京：企业管理出版社,2018.

[17] 陈向东. 大转移：影响世界的技术和知识流动[M]. 北京：经济日报出版社，2000.
[18] 陈向东. 国际技术转移的理论与实践[M]. 北京：北京航空航天大学出版社，2008.
[19] 杜军. 发酵行业技术转移现状与模式选择[M]. 北京：清华大学出版社，2011.
[20] [美]菲利普·科特勒，阿姆斯·特朗. 市场营销：原理与实践(第16版)[M]. 楼尊，译. 北京：中国人民大学出版社，2015 .
[21] 冯进路. 企业联盟知识转移与技术创新[M]. 北京：经济管理出版社，2007.
[22] 冯秀珍，张杰，张晓凌. 技术评估方法与实践[M]. 北京：知识产权出版社，2011.
[23] [美]弗雷德·R·戴维. 战略管理：概念与案例(第13版·全球版)[M]. 北京：中国人民大学出版社，2012.
[24] [德]弗兰克. 泰特兹. 技术市场交易：拍卖、中介与创新[M]. 钱京，冯晓玲，译. 北京：知识产权出版社，2016.
[25] 傅宏宇. 国有企业专利实施与科技成果转化法律规范集成与适用指南[M]. 北京：中国法制出版社，2017.
[26] [日]富田彻男. 技术转移与社会文化[M]. 张明国，译. 北京：商务印书馆，2003.
[27] 傅正华，林耕，李明亮. 我国技术转移的理论与实践[M]. 北京：中国经济出版社，2007.
[28] 傅正华，韩秋实，栾忠权. 地方高校技术转移研究[M]. 北京：知识产权出版社，2012.
[29] [英]盖温·肯尼迪. 谈判：如何在博弈中获得更多(第四版)[M]. 北京：民主与建设出版社，2018.
[30] 郜志雄. 专利技术转移机制[M]. 北京：中国时代经济出版社出版，2016.
[31] 郭燕青. 技术转移与区域经济发展[M]. 北京：经济管理出版社，2004.
[32] [美]哈罗德·科兹纳. 项目管理：计划、进度和控制的系统方法(第12版)[M]. 北京：电子工业出版社，2018.
[33] 黄静波. 国际技术转移[M]. 北京：清华大学出版社，2000.
[34] 黄宁燕. 国外技术转移案例研究[M]. 北京：科学技术文献出版社，2018.
[35] 黄琪轩. 大国权力转移与技术变迁[M]. 上海：上海交通大学出版社，2013.
[36] 何建坤等. 研究型大学技术转移：模式研究与实证分析[M]. 北京：清华大学出版社，2007.
[37] 贺艳，许云. 北京地区高校和科研机构技术转移模式研究[M]. 北京：人民出版社，2017.
[38] 侯光明. 军民技术转移的组织与政策研究[M]. 北京：科学出版社，2000.

[39] 胡靖. 跨国公司在华技术转移行为研究[M]. 上海：上海财经大学出版社，2009.
[40] [美]吉姆·米尔豪森，傅婧瑛. 商业模式设计与完善[M]. 傅婧瑛，译. 北京：人民邮电出版社，2016.
[41] 姜铭. 基于 DEA 的技术转移服务效率研究——以青岛市为例[M]. 北京：科学出版社，2016.
[42] 蒋樟生. 产业技术创新联盟稳定性管理：基于知识转移视角[M]. 北京：中国经济出版社，2011.
[43] 蒋樟生. 产业技术创新联盟信任机制研究：知识转移视角[M]. 杭州：浙江工商大学出版社，2016.
[44] 姜振寰. 技术史论坛——技术的传承与转移[M]. 北京：中国科学技术出版社，2012.
[45] [美]凯瑟琳. 艾伦. 技术创业：科学家和工程师的创业指南[M]. 李政，译. 北京：机械工业出版社，2010.
[46] [美]科丽·科歌昂，叙泽特·布莱克莫尔，詹姆士·伍德. 项目管理精华：给非职业项目经理人的项目管理书[M]. 北京：中国青年出版社，2016.
[47] [美]拉希德. 卡恩. 技术转移改变世界——知识产权的许可与商业化[M]. 李跃然，张立，译. 北京：经济科学出版社，2014.
[48] 李虹. 国际技术转移与中国技术引进[M]. 北京：对外经贸大学出版社，2016.
[49] 李建明. 我国中小高技术企业知识联盟中的知识转移影响因素研究[M]. 上海：上海财经大学出版社有限公司，2008.
[50] 李建强. 创新视阈下的高校技术转移[M]. 上海：上海交通大学出版社，2013.
[51] 李小丽. 三螺旋模式下大学专利技术转移组织构建研究[M]. 北京：经济科学出版社，2019.
[52] 李雪. 晚清西方电报技术向中国的转移[M]. 济南：山东教育出版社，2013.
[53] 林耕，张玢，傅正华. 超越与梦想——我国技术市场发展战略研究[M]. 北京：知识产权出版社，2016.
[54] 王林雪，康晓玲. 技术创业：商务谈判与推销技术[M]. 西安：西安电子科技大学出版社，2010.
[55] 刘海龙等. 农业技术转移决策支持系统（DSSAT）在改进非洲施肥技术方面的应用[M]. 北京：中国农业科学技术出版社，2015.
[56] 刘群彦. 科技成果转化：法律意识的社会学研究——以上海高校及科研院所为例[M]. 上海：上海交通大学出版社，2019.
[57] 柳卸林，何郁冰，胡坤. 中外技术转移模式的比较[M]. 北京：科学出版社，2012.
[58] 刘秀玲. 国际直接投资与技术转移[M]. 北京：经济科学出版社，2003.

[59] 陆旭东，刘海波，王永杰，罗凯．交通运输技术转移蓝皮书2018[M]．北京：人民交通出版社，2019.

[60] 罗伊·列维奇，布鲁斯·巴里，戴维·桑德斯．商务谈判（第6版）[M]．王健，译．北京：中国人民大学出版社，2015.

[61] 马忠法．清洁能源技术转移法律制度研究[M]．北京：法律出版社，2018.

[62] 马治国，翟晓舟，周方．科技创新与科技成果转化：促进科技成果转化地方性立法研究[M]．北京：知识产权出版社，2019.

[63] 迈克尔·希特，杜安·爱尔兰，罗伯特·霍斯．战略管理：概念与案例（第12版）[M]．刘刚，译．北京：中国人民大学出版社，2017.

[64] [美]美国项目管理协会．项目管理知识体系指南（PMBOK指南）（第六版）[M]．北京：电子工业出版社，2018.

[65] 全国人大常委会法制工作委员会社会法室．中华人民共和国促进科技成果转化法解读[M]．北京：中国法制出版社，2016.

[66] 汝绪伟，李海波，陈娜．科技成果转化体系建设研究与实践[M]．北京：科学出版社，2020.

[67] 宋明顺，吴增源，郑素丽．技术创业与知识管理[M]．北京：中国标准出版社，2015.

[68] 孙烈．德国克虏伯与晚清火炮——贸易与仿制模式下的技术转移[M]．济南：山东教育出版社，2015.

[69] 孙源．高技术集群企业知识网络的知识转移[M]．北京：中国石化出版社，2016.

[70] 汤建影．基于员工流动的技术知识转移机理研究[M]．北京：科学出版社，2009.

[71] 谭英，范晨辉，王德海．农业技术转移中的信息传播链研究——以北京市果类蔬类创新团队为例[M]．北京：中国农业大学出版社，2015.

[72] 唐晓云．国际技术转移的非线性分析与经济增长[M]．上海：复旦大学出版社，2005.

[73] 唐素琴，周轶男．美国技术转移立法的考察和启示——以美国《拜杜法》和《史蒂文森法》为视角[M]．北京：知识产权出版社，2018.

[74] 陶鑫良．专利技术转移[M]．北京：知识产权出版社，2011.

[75] [美]托马斯·H·拜尔斯，理查德·C·多尔夫．技术创业：从创意到企业（第4版）[M]．北京：北京大学出版社，2017.

[76] 王建明．商务谈判实战经验和技巧——对五十位商务谈判人员的深度访谈[M]．2版．北京：机械工业出版社，2015.

[77] 王婉．科技创新与科技成果转化[M]．北京：中国经济出版社，2018.

[78] 王馨．面向创新的代际知识转移方法与机制：基于中国航天导师制的案例研究[M].

北京：国防工业出版社，2013.
[79] 王旭，章东辉，马冬梅. 技术创业管理[M]. 北京：中国劳动社会保障出版社，2011.
[80] 魏兴民. TRIPS 约束下知识产权保护与跨国技术转移问题研究——以中国为例[M]. 北京：经济科学出版社，2017.
[81] 武剑. 国防技术转移动力机制[M]. 北京：国防工业出版社，2017.
[82] 吴敬学. 农业科技成果转化：模式、机制与绩效研究[M]. 北京：经济科学出版社，2013.
[83] 吴林海. 跨国公司对华技术转移论[M]. 北京：经济管理出版社，2002.
[84] 吴越舟. 企业顶层设计　战略转型与商业模式创新[M]. 北京：人民邮电出版社，2018.
[85] [美]小阿瑟·汤普森战略管理：概念与案例(原书第 19 版)[M]. 黄海林，黄嫚丽，李卫宁，译. 北京：机械工业出版社，2015.
[86] 肖国芳著. 中国高校技术转移绩效研究[M]. 上海：上海交通大学出版社，2019.
[87] 谢富纪. 技术转移与技术交易[M]. 北京：清华大学出版社，2006.
[88] 谢旭辉. 技术转移：就这么干[M]. 北京：电子工业出版社，2017.
[89] 邢斐. 外商技术转移对东道国技术创新与产业发展的影响[M]. 武汉：华中科技大学出版社，2017.
[90] 熊焰，刘一君，方曦. 专利技术转移理论与实务[M]. 北京：知识产权出版社，2018.
[91] 许云，李家洲. 技术转移与产业化研究——以中关村地区为例[M]. 北京：人民出版社，2016.
[92] 薛昌明等. 现代力学方法的技术转移与工程应用[M]. 北京：华东理工大学出版社，2009.
[93] 杨明. 技术转移与文化建设：以广东为例[M]. 广州：暨南大学出版社，2011.
[94] 杨先明等. 国际直接投资、技术转移与中国技术发展[M]. 北京：科学出版社，2004.
[95] 叶娇. 跨国技术联盟知识转移机制的研究——基于文化差异的视角[M]. 北京：经济科学出版社，2013.
[96] 闫傲霜. 技术经纪人培训教程[M]. 北京：兵器工业出版社，2014.
[97] 闫傲霜. 技术经纪人培训教程(京津冀)[M]. 北京：兵器工业出版社，2019.
[98] 易明. 国家创新驱动战略背景下的区域技术转移研究[M]. 北京：中国地质大学出版社，2017.
[99] 尹锋林. 低碳技术创新、转移与知识产权问题研究[M]. 北京：知识产权出版社，2015.

[100] 尹锋林. 新《促进科技成果转化法》与知识产权运用相关问题研究[M]. 北京：知识产权出版社,2015.
[101] 尹晓冬. 16—17 世纪明末清初西方火器技术向中国的转移[M]. 济南：山东教育出版社,2014.
[102] 余呈先. 企业转型过程中的知识转移影响机制研究[M]. 北京：中国科学技术大学出版社,2013.
[103] 曾德聪,仲长荣. 技术转移学[M]. 神州：福建科学技术出版社,1997.
[104] 翟杰全. 技术的转移与扩散：技术传播与企业的技术传播[M]. 北京：北京理工大学出版社,2009.
[105] 张柏春等. 苏联技术向中国的转移(1949—1966)[M]. 济南：山东教育出版社,2004.
[106] 张寒. 中国大学技术转移与知识产权制度关系演进的案例研究[M]. 北京：经济管理出版社,2017.
[107] 张红兵. 技术联盟组织间知识转移测度研究[M]. 北京：经济科学出版社,2014.
[108] 张经强. 区域技术扩散与产业梯度转移问题研究[M]. 北京：经济管理出版社,2009.
[109] 张剑. 世界科学中心的转移与同时代的中国[M]. 上海：上海科技出版,2014.
[110] 张娟. 大学技术转移项目化管理及运行[M]. 上海：科学出版社,2016.
[111] 张乃根,陈乃蔚. 知识创新与技术转移[M]. 上海：上海交通大学出版社,2005.
[112] 张乃根,陈乃蔚. 技术转移的法律理论与实务[M]. 上海：上海交通大学出版社,2006.
[113] 张乃根,陈乃蔚. 技术转移与公平竞争[M]. 上海：上海交通大学出版社,2008.
[114] 张乃根,陈乃蔚. 技术转移、后续研发与专利纠纷解决[M]. 上海：上海交通大学出版社,2009.
[115] 张士运. 技术转移体系建设理论与实践[M]. 北京：中国经济出版社,2014.
[116] 张乃根等. 美国专利法：判例与分析[M]. 上海：上海交通大学出版社,2010.
[117] 张乃根,马忠法. 清洁能源与技术转移[M]. 上海：上海交通大学出版社,2011.
[118] 张乃根,朱丹. 中国新专利法的司法实施研究[M]. 上海：上海交通大学出版社,2013.
[119] 张蔚虹. 技术创业：新创企业融资与理财[M]. 西安：西安电子科技大学出版社,2009.
[120] 张晓凌等. 技术转移联盟导论[M]. 北京：知识产权出版社,2009.
[121] 张晓凌等. 技术转移信息服务平台建设[M]. 北京：知识产权出版社,2011.

[122] 张晓凌等. 技术转移业务运营实务[M]. 北京：知识产权出版社，2012.
[123] 张晓凌，张玢，庞鹏沙. 技术转移绩效管理[M]. 北京：知识产权出版社，2014.
[124] 章琰. 大学技术转移：界面移动与模式选择[M]. 北京：北京航空航天大学出版社，2008.
[125] 张阳，余菲菲，施国良. 国际技术转移战略——以江苏为例[M]. 北京：科学出版社，2013.
[126] 张玉臣. 技术转移机理研究：困惑中的寻解之路[M]. 北京：中国经济出版社，2009.
[127] 赵黎明. 技术转移论[M]. 北京：中国科学技术出版社，1992.
[128] 周航. 重新理解创业：一个创业者的途中思考[M]. 北京：中信出版社，2018.
[129] 周星星，陆华忠. 现代农业科技成果转化操作实务[M]. 北京：科学出版社，2020.
[130] 周银珍，周淑贞. 环境视角下技术转移对高技术产业效率的影响[M]. 武汉：武汉大学出版社，2018.
[131] 朱常海，郭曼. 我国技术转移策略研究——技术、组织与创新生态[M]. 北京：科学技术文献出版社，2017.
[132] 中国标准化委员会. GB/T 34670—2017 技术转移服务规范[S]. 北京：中国标准出版社，2017.
[133] 中国科技成果管理研究会，国家科技评估中心，中国科学技术信息研究所. 中国科技成果转化年度报告 2018：高等院校与科研院所篇[M]. 北京：科学技术文献出版社，2019.

参考文献

[1] 鲍新中,霍欢欢.知识产权质押融资的风险形成机理及仿真分析[J].科学学研究,2019(8):1423-1434.

[2] 鲍新中.知识产权融资:模式、障碍与政策支持[J].科技管理研究,2019(4):136-141.

[3] 蔡中华."一带一路"倡议中的知识产权——回顾与展望[J].产业创新研究,2020(2):4-12.

[4] 曹勇,杜蔓.专利池中专利诉讼的发生路径及其启示研究[J].情报杂志,2018(4):69-73.

[5] 陈宝明.〈促进科技成果转化法〉修订的意义与主要内容[J].中国高校科技,2016(1-2):16-18.

[6] 陈俐,冯楚健,陈荣,姜东.英国促进科技成果转移转化的经验借鉴——以国家技术创新中心和高校产学研创新体系为例[J].科技进步与对策,2016(15):9-14.

[7] 陈强,鲍竹.中国天使投资发展现状与政策建议[J].科技管理研究,2016(8):21-25.

[8] 陈仕伟.杰出科学家管理的理论与实践[D].合肥:中国科学技术大学,2014.

[9] 陈套.以色列创新引领发展的政策逻辑和实践选择[J].中国高校科技,2019(10):51-54.

[10] 陈套,冯锋.中国科学院成果转化与技术转移机构运作模式研究[J].科学管理研究,2014(4):44-47.

[11] 陈涛涛,陈红喜,丁子仪.我国科技成果转化政策演进脉络及未来进路分析[J].经济师,2020(2):11-13.

[12] 邓志华,肖小虹,张亚军.团队精神型领导与研发团队创新行为的关系——团队自省性和团队外部社会资本的影响[J].商业经济与管理,2019(12):66-77.

[13] 丁亚金.技术经纪人:学术资本主义理念下高校的重要资源[J].重庆交通大学学报(社科版),2013(5):97-100.

[14] 董亮,张玢,李明亮,陈彦,庞鹏沙.我国技术市场理论的嬗变——从科技成果转化到技术转移[J].科学管理研究,2015,33(1):112-116.

[15] 董英南.学术创业的空间知识溢出研究[D].大连：大连理工大学，2016.
[16] 段德忠，谌颖，杜德斌."一带一路"技术贸易格局演化研究[J].地理科学进展，2019，38(7)：998-1008.
[17] 段琪，麦晴峰，廖青虎.基于扎根理论的高校学术创业过程研究[J].科学学研究，2017(8)：1212-1220.
[18] 杜洪旭，莫小波，鲁若愚.中介机构在技术创新扩散中的作用研究[J].软科学，2003(1)：47-49.
[19] 范雪灵，王小华.愿景型领导研究述评与展望[J].经济管理，2017(12)：174-189.
[20] 房汉廷.中国科技金融简史及政府责任[J].广东科技，2015，24(21)：18-22..
[21] 冯晓青.中国70年知识产权制度回顾及理论思考[J].社会科学战线，2019(6)：25-37.
[22] 冯晓青.国际知识产权制度变革与发展策略研究[J].人民论坛，2019(8)：110-113.
[23] 付继存，刘艳花.专利技术交易中的侵权风险及其防范对策[J].南都学坛(人文社会科学学报)，2020(1)：84-92.
[24] 甘志霞，张玮艺.美国高校技术转移体制机制分析[J].中国高校科技，2018(4)：41-43.
[25] 高飞.我国高校技术转移机构发展策略研究[D].天津：天津大学，2015.
[26] 高菲菲.医院在推动科技成果转化工作中的作用与探索[J].医院管理论坛，2019(11)：11-14.
[27] 高静.以色列科技研发与成果转化国际合作研究[D].北京：对外经贸大学，2015.
[28] 高懿.科学家具有独特的人格特征吗？[J].自然辩证法通讯，2019(10)：90-95.
[29] 高志前.全球主要国家技术转移体系的发展与特点[J].中国高校科技与产业化，2007(10)：46-49.
[30] 高云峰，刘亚军."一带一路"倡议下知识产权保护合作与可持续发展目标的实现[J].社会科学家，2020(5)：128-134.
[31] 龚志民，刘杰.基于资源整合理论的创业服务对创新经济影响机理及推进策略[J].理论探讨，2019(2)：102-107.
[32] 谷丽，阎慰椿，任立强，丁堃.专利代理人胜任特征对专利质量的影响路径研究[J].科学学研究，2016(7)：1005-1016.
[33] 郭曼，朱常海，邵翔，石宁宁.中国技术转移机构的发展策略研究——基于能力

升级的视角[J]. 2018(1)：16-23.

[34] 韩小腾，严会超，郑鹏，韩雨辰. 中英高校科技成果转移转化比较研究及经验借鉴[J]. 科技管理研究，2019(7)：121-126.

[35] 韩秀成，王淇. 知识产权：国际贸易的核心要素——中美经贸摩擦的启示[J]. 中国科学院院刊，2019(8)：893-902.

[36] 何华. 知识产权全球治理体系的功能危机与变革创新——基于知识产权国际规则体系的考察[J]. 政法论坛，2020(3)：66-79.

[37] 何剑华，耿燕，容晶. 关于英国科技创新和技术转移体系的学习与思考[J]. 机电工程技术，2019(4)：64-66.

[38] 何鹏. 知识产权立法的法理解释——从功利主义到实用主义[J]. 法制与社会发展，2019(4)：21-34.

[39] 贺艳. 美国、德国大学和科研机构技术转移模式及启示[J]. 华北电力大学学报(社会科学版)，2019(2)：128-134.

[40] 华冬芳. 技术交易中的信任机制和作用研究[D]. 南京：南京师范大学，2018.

[41] 胡海鹏，袁永，邱丹逸，廖晓东. 以色列主要科技创新政策及对广东的启示建议[J]. 科技管理研究，2018(9)：32-37.

[42] 胡微微. 解构美国大学技术转移的 MIT 模式[J]. 高等工程教育研究，2012(3)：121-125.

[43] 胡小桃. 德国科技创新的政策体制分析[J]. 湖湘论坛，2014(3)：97-101.

[44] 黄露，王海芸，陶晓丽. 新形势下技术交易新态势研究[J]. 科技和产业，2019(6)：95-100.

[45] 黄新平，黄萃，苏竣. 基于政策工具的我国科技金融发展政策文本量化研究[J]. 情报杂志，2020(1)：130-137.

[46] 黄艳，陶秋燕，马丽仪. 社会网络、资源获取与小微企业的成长绩效[J]. 技术经济，2016(6)：8-15.

[47] 金杰. 大学技术转移的效率及影响因素研究[D]. 上海：上海交通大学，2018.

[48] 蒋芬. 我国技术市场发展演变趋势、存在问题及对策建议[J]. 科技通报，2016(10)：250-254.

[49] 孔祥浩. 以色列技术转移机制和模式研究的作用[J]. 价值工程，2013(12)：5-7.

[50] 来小鹏. 规范我国专利代理服务的法律思考[J]. 法学杂志，2017(7)：60-66.

[51] 赖泽栋. 资源拼凑视域下的区域创新创业资源整合机制[J]. 沈阳大学学报(社会科学版)，2019(5)：542-546.

[52] 李闯豪. AUTM 的新发展及其对我国构建高校技术转移信息平台的启示朱雪

忠[J]. 科技管理研究,2016(16):166-171.

[53] 李从刚,许荣,路璐,李跃然. 明星科学家在创新活动中的作用:一个文献综述[J]. 科技进步与对策,2019(21):155-160.

[54] 李丹琳. 日本科技创新研究[D]. 吉林:吉林大学,2017.

[55] 李华军. 改革开放四十年:科技金融的实践探索与理论发展[J]. 科技管理研究,2019(11):63-70.

[56] 李玲娟,许洪彬. 美、日、韩知识产权战略的调整与走向[J]. 湖南大学学报(社会科学版),2020(1):142-147.

[57] 李强,暴丽艳. 职务科技成果转化收益分配比例与科研人员激励——基于委托代理理论视角[J]. 科技管理研究,2019(2):233-240.

[58] 李石."知识产权制度"的哲学反思[J]. 哲学研究,2019(8):120-125.

[59] 李伟,海本禄. 基于创业资源需求认知差异性的孵化器干预行为研究[J]. 中国科技论坛,2020(1):60-68.

[60] 李伟,王小曼,郑翼,许丽娜. 以色列大学技术转移机构管理运行机制探析[J]. 改革与开放, 2014(3):27-28+10.

[61] 李晓慧,贺德方,彭洁. 日本高校科技成果转化模式及启示[J]. 科技导报,2018,36(2):8-12.

[62] 李雪灵,李玎玎,刘京,龙玉洁. 创业拼凑还是效果逻辑?理论适用条件与未来展望[J]. 外国经济与管理,2020(1):17-29.

[63] 李杨迪. 我国知识产权服务业发展研究[D]. 济南:山东财经大学,2016.

[64] 李玉清,田素妍,高江宁,邹静. 德国技术转移工作经验及借鉴[J]. 中国高校科技,2014(10):56-58.

[65] 李政刚. 职务科技成果权属改革的法律障碍及其消解[J]. 西安电子科技大学学报(社会科学版),2019(2):68-75.

[66] 李政刚. 赋予科研人员职务科技成果所有权的法律释义及实现路径[J]. 科技进步与对策,2020(5):124-130.

[67] 梁洪力,王海燕. 关于德国创新系统的若干思考[J]. 科学学与科学技术管理,2013(6):52-57.

[68] 梁洪学. 现代企业经理人职能性质定位的逻辑分析——从马克思对经理人的论述出发[J]. 江汉论坛,2016(9):12-16.

[69] 梁洪学,王松华. 现代公司制企业兴起及经理人作用[J]. 湖北经济学院学报,2007(6):14-17.

[70] Lin William Cong,Charles M. C. Lee,屈源育,沈涛."死亡之谷"和"退出陷阱"

羁绊中国创业企业——中国初创企业的融资现状与困境[J]. 清华管理评论，2019(9)：34-40.
[71] 林春波，许可. 我国技术经纪人市场发展问题与对策[J]. 甘肃科技，2019(17)：5-7.
[72] 林龙飞，陈传波. 中国创业政策40年：历程回顾与趋向展望[J]. 经济体制改革，2019(1)：9-15.
[73] 林伟光. 我国科技金融发展研究[D]. 广州：暨南大学，2014.
[74] 林芸. 不同投资主体的企业孵化器运营模式研究[D]. 武汉：武汉理工大学，2016.
[75] 刘冰欣，赵丙奇. 创业资源、创业机会开发与新创企业成长关系研究[J]. 特区经济，2016(11)：52-55.
[76] 刘博，孙文乐，官银. 我国天使投资运作模式转型研究——以创新工场为例[J]. 渤海大学学报哲学社会科学版，2018(4)：80-85.
[77] 刘文杰，张彦通. "技术创业商业化规程"：美国北卡州立大学创业教育新模式[J]. 高等工程教育研究，2018(2)：176-181.
[78] 刘湘云，吴文洋. 基于高新技术产业的科技金融政策作用路径与效果评价研究[J]. 科技管理研究，2017(18)：23-28.
[79] 柳学信，孔晓旭，牛志伟. 新中国70年国有资产监管体制改革的经验回顾与未来展望[J]. 经济体制改革，2019(5)：5-11.
[80] 刘娅. 英国公共科研机构技术转移机制研究[J]. 世界科技研究与发展，2015(2)：212-217.
[81] 刘嫒嫒. 技术中介促进科技成果转化的作用机制研究[D]. 武汉：武汉理工大学，2017.
[82] 刘云，桂秉修，冉奥博. 中国专利联盟组建模式与运行机制研究——基于案例调查[J]. 中国科学院院刊，2018(3)：225-233.
[83] 刘祯，程子玲，郭俊峰. 以色列科技创新发展情况及对我国的启示[J]. 科技创新发展战略研究，2019(5)：1-5.
[84] 陆建中. 农业科研机构自主创新能力研究[D]. 北京：中国农业科学院，2011.
[85] 陆婷婷. 大型综合医院科技成果转化现状与对策研究——以某省级医院为例[D]. 南京：南京医科大学，2018.
[86] 罗薇薇. 英国技术转移实践与模式研究[J]. 云南科技管理，2018(3)：15-18.
[87] 罗文波，陶嫒婷. 科技金融与科技创新协同机制研究[J]. 西南金融，2020(1)：23-32.

[88] 罗喜安.现代经理人的作用和应具备的素质论略[J].中国集体经济,2011(1):121-122.

[89] 骆严.我国国立科研机构的创新政策及其与创新模式的协同研究[D].武汉:华中科技大学,2015.

[90] 吕建秋.区域科技成果生态化转化模式与机制研究[D].哈尔滨:哈尔滨理工大学,2017.

[91] 马海泉.科学研究与现代大学[J].中国高校科技,2017(7):4-6.

[92] 马凌远,李晓敏.科技金融政策促进了地区创新水平提升吗?——基于"促进科技和金融结合试点"的准自然实验[J].中国软科学,2019(12):30-42.

[93] 马晓文.美国研究型大学科技成果的产权管理研究[D].武汉:华中科技大学,2016.

[94] 马亚丽,李华,王方.基于双边市场理论的网上技术市场定价策略[J].科技管理研究,2016(11):233-239.

[95] 马忠法.国际知识产权法律制度的现状、演进与特征[J].安徽师范大学学报(人文社会科学版),2018(3):56-66.

[96] 南星恒,田静.知识产权质押融资风险分散路径[J].科技管理研究,2020(4):206-211.

[97] 牛华伟,顾铭.基于道德风险的天使投资最优融资合约研究[J].科研管理,2020(3):110-118.

[98] 牛宇燕.经纪人法律概念之界定[J].中共太原市委党校学报,2008(6):54-56.

[99] 潘建红.以高质量科技政策供给推动科技成果转化[J].学术前沿,2019(12):60-65.

[100] 庞大伟.商业银行对中小科技型企业信贷融资问题研究——科技支行的兴起[D].硕士学位论文,苏州大学,2017.

[101] 彭道林,黄芳.论科学研究的应用[J].湖南师范大学教育科学学报,2018(4):61-65.

[102] 彭坚,杨红玲.责任型领导:概念变迁、理论视角及本土启示[J].心理科学,2018,41(6):1464-1469.

[103] 彭学兵,陈璐露,刘玥伶.创业资源整合、组织协调与新创企业绩效的关系[J].科研管理,2016(1):110-118.

[104] 祁士超.技术传播过程中的文化制约[D].贵阳:贵州大学,2015.

[105] 钱学程,赵辉.科技成果转化政策实施效果评价研究——以北京市为例[J].科技管理研究,2019(15):48-55.

[106] 秦洁，宋伟. 对〈促进科技成果转化法〉修订的几点思考[J]. 中国科技论坛，2014(4)：10-14.
[107] 邱超凡. 提高科技成果熟化程度促进科技成果转移转化[J]. 科技中国，2019(11)：37-40.
[108] 任虎，袁静. "一带一路"倡议下国际技术转移机制创新研究[J]. 科技与法律，2018(1)：32-37.
[109] 任梅. 大学学术创业运行机制研究[J]. 江苏高教，2018(12)：1-8.
[110] 邵邦. 中科院国家技术转移机构技术转移模式研究[J]. 科技和产业，2017(3)：128-131.
[111] 沈慧君，黄灿，毛昊. 专利中介是否能帮助企业克服专利交易的经验劣势[J]. 中国科技论坛，2019(12)：116-125.
[112] 沈继培. 进取型领导者如何让下级跟得紧[J]. 领导科学，2018(8)：27-29.
[113] 时毓瞳. 关系网络对技术创业资源获取的影响作用研究[D]. 吉林：吉林大学，2013.
[114] 史竹琴，朱先奇，许亚斌. 科技园区创新成果转化的路径研究——基于多主体合作视角[J]. 经济问题，2020(1)：70-78.
[115] 束兰根. 科技金融体系中的资源整合——基于商业银行视角的分析[J]. 金融纵横，2013(4)：4-10.
[116] 宋河发. 我国知识产权运营政策体系建设与运营政策发展研究[J]. 知识产权，2018(6)：75-81.
[117] 宋河发，廖奕驰，郑笃亮. 专利技术商业化保险政策研究[J]. 科学学研究，2018(6)：991-999.
[118] 苏华峰. 协同创新生态系统中科技成果转化模式研究[D]. 杭州：杭州电子科技大学，2017.
[119] 孙海荣. 专利战略竞争优势——内生论和外生论视角[J]. 中国科技论坛，2017(1)：94-102.
[120] 孙建国. 企业签订技术合同中知识产权的问题研究[J]. 江苏科技信息，2018(27)：21-23.
[121] 孙平，邵帅，史青芳. 创业者与投资人的冲突、信任及其对创业绩效的影响[J]. 山东大学学报(哲学社会科学版)，2018(5)：150-158.
[122] 孙中峰. 美国技术转移措施及组织运作机制[J]. 全球科技经济瞭望，2003(5)：12-13.
[123] 谭乔予，杨丽，张征，杨付. 谦逊型领导研究述评与展望[J]. 投资研究，2018

(12)：132-144.

[124] 谈毅.科学研究过程中的利益冲突与规范[J].研究与发展管理，2016(3)：115-121.

[125] 唐百川.技术中介参与下技术转移的演化博弈分析[J].江苏科技信息，2015(5)：4-6.

[126] 唐素琴，曾心怡，卓柳俊.财政资助科技成果共有制与成果转化关系的考察[J].科技促进发展，2019(9)：935-942.

[127] 万琦.论我国专利纠纷解决的司法、行政路径[J].电子知识产权，2018(2)：89-101.

[128] 王弘钰，刘伯龙.创业型领导研究述评与展望[J].外国经济与管理，2018(4)：84-95.

[129] 王姣娥，杜方叶，刘卫东.制度与文化对嵌入式技术海外转移的影响——以蒙内铁路为例[J].地理学报，2020(6)：1147-1158.

[130] 王丽平，代赓.科技服务对科技成果转化质量的作用过程[J].科技管理研究，2019(19)：244-253.

[131] 王玲玲，赵文红.创业资源获取、适应能力对新企业绩效的影响研究[J].研究与发展管理，2017(3)：1-12.

[132] 王军，缪金钟，赵越.浅谈技术合同订立相关事项[J].安徽科技，2018(8)：37-39.

[133] 王萌.科技人员股权激励对科技成果转化绩效的影响研究[D].西安：西安理工大学，2017.

[134] 王敏，刘运青，银路.国外技术创业研究文献回顾与展望[J].电子科技大学学报(社科版)，2018(1)：56-65.

[135] 汪泉，曹阳.科技金融信用风险的识别、度量与控制[J].金融论坛，2014，19(4)：60-64..

[136] 汪泉，史先诚.科技金融的定义、内涵与实践浅析[J].上海金融，2013(09)：112-114+119..

[137] 王铁成.英国科技强国发展历程[J].今日科苑，2018(1)：47-55.

[138] 王雪莹.美国国家实验室技术转移联盟的经验与启示[J].科技中国，2018(11)：17-19.

[139] 王艳.技术创业者角色转换的影响因素研究[D].哈尔滨：哈尔滨工业大学，2019.

[140] 王煜.以色列高科技发达的原因探析[D].西安：西北大学，2018.

[141] 王宇行.以色列技术转移——60 年经验与案例[J].江苏科技信息,2009(8):12-13.

[142] 王世春.浅析以色列大学技术转移模式[J].江苏科技信息,2015(4):1-3.

[143] 王永杰,张善从.2009—2016:中国科技成果转化政策文本的定量分析[J].科技管理研究,2018(2):39-48.

[144] 王宇.江苏"一带一路"创新合作与技术转移的实践与思考[J].科技管理研究,2020(7):104-109.

[145] 卫红.美国专利代理行业发展现状研究[J].科技促进发展,2017,13(8-9):728-732.

[146] 卫平,高小燕.中国大学科技园发展模式转变研究——基于北京、上海、武汉等多地大学科技园调查及中外比较分析[J].科技管理研究,2019(21):20-25.

[147] 文剑英.科技成果转化的理性思考[J].科研管理,2019(5):175-181.

[148] 文巧甜,郭蓉,夏健明.跨界团队中变革型领导与协同创新——知识共享的中介作用和权力距离的调节作用[J].外国经济与管理,2020(2):17-29.

[149] 温雯.我国技术合同法律风险研究[D].成都:西南交通大学,2015.

[150] 温兴琦,David Brown,黄起海.概念证明中心:美国研究型大学科技成果转化模式及启示[J].武汉科技大学学报(社会科学版),2015(5):555-560.

[151] 吴方怡,王伟,穆晓敏,李芳芳,孙伟鑫.专利丛林识别方法及测度指标研究[J].情报科学,2019(12):140-143.

[152] 吴江,费佳丽,王倩茹.国家大学科技园政策变迁的演进逻辑与动力机制[J].科学管理研究,2019(5):29-35.

[153] 乌仕明,李正风.孵化到众创:双创政策下科技企业孵化器的转型[J].科学学研究,2019(9):1626-1631.

[154] 吴寿仁.科技成果转化若干热点问题解析(十一)——关于科技成果成熟度的思考[J].科技中国,28-35.

[155] 吴寿仁.科技成果转化若干热点问题解析(二十二)——科技成果转化中的技术合同政策导读及案例解析[J].科技中国,2019(3):52-61.

[156] 吴伟,蔡雯莹,蒋啸.美国大学市场化技术转移服务:两种模式的比较[J].复旦教育论坛,2018(1):106-112.

[157] 武学超.英国大学知识转移政策目标与实施工具的失配问题[J].中国高校科技,2018(9):21-24.

[158] 吴妍妍.科技金融服务体系构建与效率评价[J].宏观经济研究,2019(4):162-170.

[159] 吴玉怡.技术交易典型服务模式及平台研究[D].南京：东南大学，2014.
[160] 谢克海.5M视角下的领导力理论[J].南开管理评论，2018(4)：219-224.
[161] 徐国兴，贾中华.科技成果转化和技术转移的比较及其政策含义[J].中国发展，2010(3)：45-49.
[162] 许可，肖尤丹，何丽敏.国立科研机构科技成果转化模式研究——以中国科学院为例[J].东岳论丛，2019(12)：138-146.
[163] 徐鲲，张楠，鲍新.专利价值评估研究[J].价格理论与实践，2018(7)：143-146.
[164] 徐兰.德国技术转移体系对我国的启示[J].中国高校科技，2016(4)：51-53.
[165] 徐兰，徐婷.基于四位一体的德国技术转移体系对我国科研发展的启示研究[J].科技与管理，2017(1)：43-47.
[166] 许培源，程钦良."一带一路"国际科技合作的经济增长效应[J].财经研究，2020(5)：140-154.
[167] 徐兴祥，饶世权.职务科技成果专利权共有制度的合理性与价值研究——以西南交通大学职务科技成果混合所有制实践为例[J].中国高校科技，2019(5)：87-90.
[168] 徐业敏.商业银行科技金融业务发展研究[D].合肥：安徽大学，2017.
[169] 许云.北京地区高校、科研机构技术转移模式研究[D].北京：北京理工大学，2016.
[170] 许正中.国有资产催化科技成果产业化机理探源[J].经济研究参考，2016(49)：51-58.
[171] 薛澜.中国科技创新政策40年的回顾与反思[J].科学学研究，2018(12)：2113-2115.
[172] 闫佳宁，李燕.日本学术机构技术转移机制及其对我国的启示[J].日本研究，2019(3)：39-47.
[173] 杨斌，肖尤丹.国家科研机构硬科技成果转化模式研究[J].科学学研究，2019(12)：2149-2156.
[174] 杨蕾蕾.基于知识产权价值链的高校科技成果转化机制研究[D].重庆：重庆理工大学，2017.
[175] 杨舒博，黄健.改革开放40年中国知识产权制度变迁的动因分析[J].中国科技论坛，2019 (4)：35-41.
[176] 叶娇.文化差异对跨国技术联盟知识转移机制的影响[D].大连：大连理工大学，2011.
[177] 易继明，初萌.全球专利格局下的中国专利战略[J].知识产权，2019(8)：

38-56.

[178] 易朝辉,管琳.学者创业角色、创业导向与大学衍生企业创业绩效[J].科研管理,2018(11):166-176.

[179] 殷朝晖,李瑞君.大学教师学术创业的角色冲突及其调适策略[J].江苏高教,2017(4):57-60.

[180] 苑泽明,郭景先,侯雪莹.我国科技金融政策评价研究:构建理论分析框架[J].科技管理研究,2015(15):69-75.

[181] 曾莉,戚功琼.对"专利流氓""鲶鱼效应"的思考与建议[J].科技管理研究,2017(15):186-190.

[182] 翟晓舟.科技成果转化"三权"的财产权利属性研究[J].江西社会科学,2019(6):171-179.

[183] 张爱丽.创业经验一定能促进创业机会开发吗?[J].科学学研究,2020(2):288-295.

[184] 张寒,蔡瑜琢.大学技术转移组织机构的制度化及其演化[J].自然辩证法研究,2017(2):42-48.

[185] 张换兆,秦媛.美国国家技术转移体系建设经验及对我国的启示[J].全球科技经济瞭望,2017(8):50-55.

[186] 张敬婕.跨文化沟通的认知差异与领导力提升[J].领导科学,2019(6):115-117.

[187] 张珺.中国科研院所科技成果转移转化创新管理机制探索[D].南京:东南大学,2015.

[188] 张俊芳,郭戎.中国风险投资发展的演进、现状与未来展望[J].全球科技经济瞭望,2016(9):34-43.

[189] 张琳,张晓军,席酉民.领导者如何获取资源:基于制度理论、资源基础观和领导理论的分析框架[J].科技进步与对策,2015(4):144-149.

[190] 张米尔,国伟,曲宁.面向专利预警的专利申请关键特征研究[J].科研管理,2018(1):135-142.

[191] 张铭慎.如何破除制约入股型科技成果转化的"国资诅咒"?——以成都职务科技成果混合所有制改革为例[J].经济体制改革,2017(6):116-123.

[192] 张明喜,郭滕达,张俊芳.科技金融发展40年:基于演化视角的分析[J].中国软科学,2019(3):20-33.

[193] 张明妍.德国科技发展轨迹及创新战略[J].今日科苑,2017(12):1-14.

[194] 张千慧.技术交易中的供需主体双边匹配决策方法[D].西安:西安电子科技

大学,2015.
[195] 张盼盼. 美国公立研究型大学技术转移的 OTL 模式研究[D]. 杭州：浙江大学,2017.
[196] 张婷,肖晶. 知识产权质押融资：实践、障碍与机制优化[J]. 南方金融,2017(2)：86-90.
[197] 张卫东,王萍,魏和平. 技术交易中介服务体系的构建与运行[J]. 图书情报工作,2009 (22)：22-25.
[198] 张文斐. 职务科技成果混合所有制的经济分析[J]. 软科学,2019(5)：51-54.
[199] 张文俊. 技术经理人全程参与成果转化服务模式研究[J]. 科技资讯,2019(14)：197-199.
[200] 张妍,郭文君. 中央级科研院所科技成果转化国资管理政策变化浅析[J]. 高科技与产业化,2019(12)：84-88.
[201] 张艺凡,季闯,田莎莎. 对天使投资与风险投资的比较分析[J]. 山东农业工程学院学报,2018(8)：33-34.
[202] 张占江,李敏,李珊. 公司设立中专利权出资的风险及防范[J]. 中国发明与专利,2016(9)：76-80.
[203] 张征,王玉博,杨霞. 战略型领导：概念、测量与作用机制[J]. 中国人力资源开发,2018,35(4)：53-65.
[204] 张宇庆. 科研经纪人的角色定位探析[J]. 北京教育(高教),2016(5)：74-76.
[205] 赵捷,江山. 英国促进科技成果商业化的举措[J]. 高科技与产业化,2013(3)：44-48.
[206] 赵询,李祥华. 企业设立法律风险探究[J]. 法制与社会,2015(9)：28-30.
[207] 赵志娟. 国内外网上技术市场主动服务模式研究[J]. 今日科技,2014(12)：47-49.
[208] 郑栋之,张同建. 我国专利联盟特质对专利联盟市场绩效影响研究[J]. 科技管理研究,2018(11)：154-158.
[209] 郑井梅. 技术经理人职业素养、能力提升分析与研究[J]. 江苏科技信息,2019(11)：40-43.
[210] 郑书前. 专利陷阱识别与规制刍议[J]. 电子知识产权,2017(10)：39-45.
[211] 郑勇华,尹剑峰. 技术专长、关系网络与创业机会识别[J]. 技术经济与管理研究,2019(12)：3-8.
[212] 周传忠. 科研机构成果转化市场机制研究[D]. 合肥：中国科学技术大学,2017.

[213] 周海源.职务科技成果转化中的高校义务及其履行研究[J].中国科技论坛，2019(4)：142-151.

[214] 周敏."经纪人"历史溯源及对我国体育经纪人职能定位的解读[J].南京体育学院学报,2008(5)：85-87.

[215] 朱承.完善科技成果转化政策法规体系更好服务经济高质量发展[J].中国发展观察,2019(9)：36-40.

[216] 朱承亮,雷家骕.中国创业研究70年：回顾与展望[J].中国软科学,2020(1)：11-20.

[217] 朱平利.科技人员成果转化意愿的影响因素[J].中国高校科技,2017(4)：73-76.

[218] 朱雪忠.中国技术市场的政策过程、政策工具与设计理念[J].中国软科学，2020(4)：1-16.

[219] 朱业琳.创业投资与创业企业成长性的关系研究[D].北京：对外经贸大学,2018.

[220] 卓泽林,赵中建."概念证明中心"：美国研究型大学促进科研成果转化的新组织模式[J].复旦教育论坛,2015(4)：100-106.